청춘에게
딴 짓을
권한다

미치도록
인생을
바꾸고 싶은

청춘에게 딴짓을 권한다

| 임승수 지음 |

위즈덤하우스

인생의 내비게이션을
업데이트하라

경기도 파주에 있는 모 출판사를 찾아가는 중이었습니다. 내비게이션의 안내에 따라 차를 몰고 가는데 점점 이상한 곳으로 가는 겁니다. 드디어 내비게이션이 가르쳐준 목적지에 가보니 드넓은 벌판에 낡은 집들만 몇 채 듬성듬성 있었습니다. 출판사 비슷한 것은 눈 씻고 찾아봐도 없었죠. 그때야 깨달았습니다. 아! 내비게이션을 업데이트하지 않았구나!

대한민국의 거의 모든 청춘들이 그동안 자기계발서라는 인생 내비게이션이 가르쳐준 길을 따라 쉬지 않고 뛰어 왔습니다. 전공에 부전공을 더하고 영어에 제2외국어를 더 배우고 스펙에 열정을 더하며 현재의 행복을 유보하고 정신없이 달려온 것이죠. 그렇게 살면 목적지에 성공이 있고 행복이 있다고 인생 내비게이션들이 매 순간 알려줬으니까요.

그런데 최근 국내 이공계 엘리트들의 산실인 카이스트에서 학생들이 연이어 자살해서 사회에 충격을 주었습니다. 카이스트는 기준 학점에 0.01학점 미달할 때마다 6만 3천 원씩 징벌적 등록금을 부과하는데, 그 때문에 살벌한 경쟁이 벌어지고 스트레스를 못 이긴 아까운 청춘들이 목숨을 끊은 것입니다. 자기계발서의 내용대로라면 열심히 살면 행복해질 수 있다는데 실제로는 무한경쟁의 살벌한 분위기 속에서 학점과 스펙을 추구한 수많은 청년들이 취직을 하지 못해 아우성입니다. 덕분에 나라는 완전 아수라장이지요. 88만원 세대라는 말이 유행했을 정도로 저임금에 고용이 불안한 비정규직이 일자리의 대세를 이루고 있습니다.

그래서일까요? 최근에 자기계발서의 판매량이 급감했다고 합니다. 자기계발서 따라하며 살아봐도 삶이 계속 힘들기만 하기 때문입니다. 이런 내비게이션은 더 이상 쓸모가 없다고 판단한 것이죠.

한 진보적인 싱크탱크의 임원 한 분은 취업난 사태에 대해 이렇게 말합니다.

"대학생 열 명 중 한두 명이 고민하는 문제면 그것은 자기 자신에게 원인이 있지만, 대학생 열 명 중 여덟아홉 명이 고민하는 문제라면 그것은 사회 구조에 문제가 있는 것이다."

좀 다른 경우지만, 스페인 제국주의에 맞서서 중남미 쿠바를 해방시키기 위해 평생을 바친 호세 마르티는 이렇게 말했습니다.

"게으르지도 않고 그렇다고 성격이 고약한 것도 아닌데도 불구하고 가난한 사람이 있다면, 그곳에는 불의가 있는 것이다."

청춘에게 지금 우리가 살고 있는 이곳 대한민국의 사회는 과연 어떤 곳일까요? 과연 청년들 대부분이 갑자기 이전에 비해서 천성이 게을러지고 성격이 고약해져서 집단으로 힘든 상황에 빠진 것일까요? 유전적으로 한 세대 대부분의 청년들에게 동시에 '게으름 돌연변이, 성격파탄 돌연변이'가 발생할 확률이 얼마나 될까요? 그런 유전자가 존재하는지도 모르겠지만 만약 있다고 하더라도 동시에 그런 돌연변이가 발생할 확률은 0.00000001%도 되지 않을 것입니다.

게으르지도 않고 성격이 고약한 것도 아닌데 집단으로 이런 일을 겪고 있다면 결론은 하나입니다. '사회가 잘못됐다. 그것도 지독하게 잘못됐다.' 왜냐하면 지금 청년들이 처해 있는 상황이 지독하게 힘들기 때문입니다. 문제가 자기 내부에 있지 않고 외부에 있다는 것을 깨닫는다면 당연히 문제를 풀기 위해서도 우리의 내면보다는 외부에 있는 잘못된 부분에 메스를 대야겠지요. 그런데 대부분의 자기계발서들은 그저 한 개인이 열심히 학점 따고 스펙 쌓고 열정적으로 살면 문제가 해결된다고만 합니다. 애먼 길을 가르쳐 주고 있는 것이죠.

이런 인생 내비게이션, 빨리 업데이트해야 하지 않을까요? 그래서 저는 기존의 학점관리와 스펙 쌓기에만 치중하는 삶을 벗어던지고 패기 있는 시도를 통해 자신의 힘으로 인생 내비게이션을 업데이트하고 있는 청년들을 만났습니다. 물론 이들의 삶이 미국 대통령 버락 오바마나 마이크로소프트의 빌 게이츠, 방송인 오프라 윈프리처럼 지금 당장 주목받고 인정받는 것은 아닐지도 모릅니다. 하지만 이들의 삶 속에는 기존의 희망과는 다른 희망의 향기가 났고, 저는 마치 꽃향기에 취한 벌처럼 다른 희망의 향기에 취해 그들과 만나 얘기를 나누게 되었습니다.

인생 내비게이션이란 결국 철학이고 세계관입니다. 왜냐하면 사람이란 자신이 가치 있는 삶이라고 생각하는 방향으로 나아가기 마련이고, 가치 있는 삶의 기준은 결국 자신이 가진 철학과 세계관에서 나오기 때문입니다. 인생에서 돈이 중요하다고 생각하는 사람은 돈을 좇을 것이고, 사랑이 중요하다고 생각하는 사람은 사랑을 좇을 테니까요. '나는 무엇을 위해 사는가?' '가치 있는 삶이란 무엇인가?' 이런 질문들에 대한 자신의 답이 바로 자신의 인생을 이끕니다. 그런 의미에서 지금 청춘들이 방황하는 이유는 자신을 이끌 철학과 세계관을 상실했기 때문입니다. '나는 무엇을 위해 사는가?' '가치 있는 삶이란 무엇인가?'에 대한 답을 잃은 것이죠.

이 책에는 다른 희망을 꿈꾸는 2030 청춘들의 이야기, 그들과의 만남을 통해 제가 느낀 점, 그리고 '나는 무엇을 위해 사는가?' '가치 있는 삶이란 무엇인가?'에 대한 진지한 성찰이 담겨 있습니다. 어려운 시기에 이 책이 여러분의 인생 내비게이션을 업데이트할 수 있는 작은 계기가 된다면 저자로서 더 이상의 기쁨이 없습니다.

2011년 4월 어느 날,
10년도 훨씬 더 된 낡은 의자에 앉아
임승수

CONTENTS

꿈

대한민국에서
행복할 수 있을까?

때로는 패배할 줄 알면서도

싸워야 할 때가 있다.

– G. 바이런

루시드 폴은 왜 공학자 대신 음악가를 선택했을까?

그대 떠난 그날 오후 그대 모습

잊을 수가 없네

밀려들던 사람들의 함성소리

얼어붙은 거리

문밖을 나가 그대를 찾아

아무리 크게 울어봐도 소용없었네

서서히 밀려오던 군화소리

대검의 빛 멀어지는 사람

죽어가던 사람들 싸늘하게 쓰러져

빛을 잃은 빛나던 도시

믿을 수 없던 비명소리

시간이 흘러도
기억 속의 그대 얼굴
지워지지 않아
……
아직 날 울리는 사람

– 루시드 폴의 「레 미제라블」 중에서

서울대학교 화학공학과 졸업, 스웨덴 왕립공과대학KTH 대학원 석사, 스위스 로잔 연방공과대학교EPFL에서 생명공학 박사 학위 취득, 게다가 2007년에는 스위스 화학회 '폴리머 사이언스 부문' 최우수 논문 발표상 수상……. 언론을 통해 잘 알려진 루시드 폴의 이력입니다.

그가 논문을 통해 발표한 '일산화질소 전달체용 미셀Micelles for Delivery of Nitric Oxide'이라는 의료용 물질은 미국 약품 특허를 취득했다고 합니다. 솔직히 일산화질소 전달체용 미셀이라는 것이 무엇에 쓰는 물건인지는 잘 모르겠지만 최우수 논문 발표상을 수상하고 논문 결과가 특허로도 인정될 정도니 그쪽 방면으로 잘 나가고 있다는 사실은 쉽게 알 수 있습니다.

이렇게 공학자로서 탄탄하게 입지를 굳히고 있던 루시드 폴, 그는 돌연 귀국해서 전공과는 완전 무관한 음악활동에 전념합니다. 1993

년에 서울대학교를 입학해서 2008년 스위스 로잔 연방공과대학교에서 박사학위를 받기까지 15년에 걸쳐 공학도로서 쌓아올린 모든 것을 한꺼번에 포기한 것이죠.

이유를 알고 싶었습니다. 안정된 수입이 보장된 공학자의 미래를 걷어차고 불확실한 음악인의 미래를 선택한 이유 말이죠. 마침 루시드 폴의 매니저와 연락이 닿아 인터뷰 승낙을 받고 삼청동의 한 카페에서 루시드 폴을 만나 자초지종을 들었습니다.

워커홀릭 생활 청산,
선물 같은 하루하루를 얻다

●

"스위스에서 박사 논문이 통과되고 일주일 동안 휴가를 냈습니다. 그리고 친구 집에서 쉬었는데요. 그때 제가 그 친구에게 이렇게 얘기했습니다. '나는 이제까지 살면서 놀아본 적이 없는 것 같아. 즐겨본 적이 없는 것 같아' 그래서 왜 그럴까를 생각해보았는데요. 열심히 해야 된다, 바쁘게 살아야 된다는 교육은 많이 받았는데 어떻게 잘 놀아야 하는지를 아무도 얘기해준 적이 없더군요. 노는 방법도 모르겠고, 논다는 것이 뭔지도 모르겠더라고요. 술 마시고 그냥 퍼져 있는 것이 노는 건가? 여행을 가는 것이 노는 건가? 뭔지 모르겠더군요. 혼란스러웠습니다. 그동안 시간을 다 잃어버린 것 같았습니다."

루시드 폴은 스위스에서 '워커홀릭workaholic'으로 불렸다고 합니

다. 주말이나 공휴일에도 거의 빠짐없이 실험실에 나와서 일을 할 정
도였답니다. 스위스에서 지낼 적에 이란에서 온 친한 친구가 있었다
는데요, 그 친구가 주말마다 루시드 폴을 불러내서 함께 놀려고 애를
썼는데 나중에 알고 보니 혹시나 그러다가 루시드 폴이 미칠까봐 걱
정해서 그랬답니다. 도대체 얼마나 열심히 했을지 상상이 갑니다.

"당시에는 정말 즐겁게 공부하고 있다고 생각했어요. 그런데 2년
정도 그렇게 사니까 몸에 이상이 오더라고요. 어깨가 너무 무겁고 결
리더군요. 몸이 안 좋아지더라고요. 그게 결국은 긴장, 스트레스에서
오는 것이었습니다. 더 좋은 저널에 논문을 내야지, 빨리 졸업을 해야
지, 어려운 프로젝트를 보란 듯이 성공시켜야지, 이런 것들이 겹쳐서
그랬던 것 같습니다."

이제 더 이상은 그렇게 살고 싶지 않았답니다. 이어서, 그는 한국
으로 돌아온 이후 통장 잔고는 줄어가지만, 정말로 선물 같은 하루하
루를 보냈다고 말했습니다.

"아침에 좀 늦게 일어나면 어떻습니까, 내가 하고 싶은 일을 하겠
다는 거예요. 거창한 것이 아니라, 이를테면 3일 동안은 집에서 라면
만 끓여 먹으면서 만화책을 볼 수도 있는 것이고요. 우리는 쉬는 것
에도 엄숙주의가 있는 것 같습니다. 멋있게 쉬어야 하고, 쉬면서도 교
양서적을 봐야 하고, 그런 것들 말이죠. 저는 막 놀았어요. 못 만났던
친구 만나 술 마시고, 강아지 키우고, 산책도 다니고요. 그냥 그러고
싶었습니다. 물론 음반 낼 때가 되면 열심히 일을 했죠. 내가 원하던
일이고 가야 하는 길이니까요. 즐겁게 했습니다."

제 마음속에는 점점 확신이 들기 시작했습니다. '루시드 폴은 절대로 다시 공학자의 길로 돌아가지 않겠구나.'

"음악을 하겠다는 결정은 쉽게 했습니다. 문제 자체가 가벼워서 쉬웠다는 것은 아니고 답이 확실했기 때문입니다. 하지만 고민은 많이 했어요. 고민의 가장 큰 부분은 두려움이었는데요. 제 경우 병역특례로 1999년부터 3년 반을 안성의 공장에서 산업기능요원으로 일했습니다. 그리고 유럽에서 공부할 때도 계속 월급을 받았어요. 유럽에서는 대학원 학생이 고용된 연구원 성격이 강하거든요. 그렇게 매달 월급 받으면서 10년을 지냈는데, 이제는 통장에 매달 들어오는 돈이 없이 살아야 하는 것이죠. 프리랜서와 백수는 종이 한 장 차이잖아요. 일거리가 없으면 백수인 거죠."

사실 하늘이 알고 땅이 알고 있지 않습니까. 음반 시장의 열악한 상황 말입니다. 더 이상 나빠질 수 없다는 상황을 항상 경신하고 있죠. 음악에 전념하기로 결정을 한 루시드 폴에게는 이것이 자신이 맞서야 할 현실인 것입니다. 나름 대비책이 있나 싶어서 물어봤는데 생각지도 못한 대답이 돌아왔습니다.

"대부분의 사람들이 먹고 사는 문제에 대해 고민을 많이 하면서 삽니다. 기본적으로 사는 것이 힘들잖아요. 그런 문제가 해결되지 않는 한 음반시장 상황이 나아지기는 어렵다고 봅니다. 애를 낳아서 교육시키기 힘들고, 집 한 채 장만하기도 힘들고, 회사에서 언제 어떻게 될지도 모르고, 이런 상황에서 여유 있게 차 한 잔 마시면서 음악을 듣고 공연을 보러 갈 정신적 여유는 없죠. 단순히 돈 1, 2만 원의 문제가 아닙니다. 친구랑 술 한 잔 하면서 몇 만 원 쓸 수 있지만 음악 CD를 살 여유는 없는 거죠. 정신적인 여유가 없는 거예요. 지금 음악을 많이 듣는 10대라도 나중에 30대, 40대, 50대가 되면 음악을 안 들을 겁니다.”

하고 싶은 말이 많았던지 루시드 폴은 말을 계속 이어갔습니다.

“야근이 당연한 것이고, 일에 대한 정당한 대가도 제대로 받지 못하고, 그런 상황에서 CD를 사라고 아무리 외쳐본들 무슨 소용이 있겠어요. 옛날에 음악을 너무너무 좋아하고, 저보다 음악도 더 많이 듣고, 음악 하겠다고 얘기하던, 그런 친구랑 어제 술을 먹었는데요. 그 친구가 ‘음반시장은 앞으로 3, 40대 연령대에서 팽창할 거다’라고 하는 거예요. 그렇게 말하기에 제가 얘기했어요, 너 지금 음악 안 듣지 않느냐고, 너 최근 2년 안에 CD 산 거 있냐고, 멜론이나 싸이월드에서 MP3 산 적 있냐고 말이죠. 그 친구도 남 보기에는 근사한 직장을 다니지만, 하루에 4~5시간밖에 못자고 밤 12시, 1시까지 일하는 것이 예사에요.”

“나는 음악으로,
하고 싶은 얘기를 합니다”

●

그의 4집 앨범 「레 미제라블」에 수록된 ‘평범한 사람’이라는 곡이 무리한 공권력 투입에 의해 안타깝게 희생된 용산 철거민 문제를 다뤘

"음악을 하겠다는 결정은
쉽게 했습니다.
문제 자체가 가벼워서
쉬웠다는 것은 아니고
답이 확실했기 때문입니다."

다는 것은 잘 알려져 있습니다. 그런 음악만큼이나 음반 시장의 위기를 보는 그의 시선은 좀 더 근본적인 문제에 닿아 있었습니다.

"한 뮤지션이기 전에 한 개인으로서, 우리가 매일 연애만 하고 사는 것은 아니잖아요. 신문도 보고 뉴스도 보고, 사회적인 이슈나 정치적인 문제에서 자유로울 수 있는 사람이 누가 있을까요? 그 중에서 내가 노래하고 싶고 만들고 싶은 것이 음악의 주제가 될 거에요. 우리 집 강아지 얘기일 수도 있고, 애인 얘기일 수도 있고, 사회문제일 수도 있고요. 그건 제 자유잖아요."

그가 간혹 사회적 이슈와 정치적인 문제를 음악에 담아내는 것이 그 어떤 '사명감' 때문이라고 생각했는데 그건 저의 오판이었습니다. 그는 단지 음악을 통해 자신이 하고 싶은 얘기를 스스로 만족할 만한 완성도로 만들어내고 싶다고 말했습니다. 자신이 음악을 하는 이유는 그 무슨 메시지를 전달하려는 것이 아니고 단지 누가 들어주든 그렇지 않든 자신이 하고 싶은 얘기를 하는 것이라고 합니다. 루시드 폴의 음악에서 받은 느낌과 루시드 폴과의 대화에서 받은 느낌이 닮아 있는 이유를 이제야 알 것 같았습니다. 그의 음악은 멋을 내려는 것도 아니고, 음악을 돈벌이의 수단으로 삼으려는 것도 아니고, 그저 자신이 하고 싶은 얘기를 음악을 통해 공기의 진동 속에 담아서 주변으로 전하고 싶었던 겁니다. 그러니 그의 음악과 그의 모습이 닮아 있을 수밖에요.

공학자의 삶은 루시드 폴, 아니 조윤석에게 안정적인 삶과 꼬박꼬박 돈이 들어오는 통장을 보장할 수 있었을 겁니다. 하지만 공학을 통해서는 그 자신이 진정 하고 싶은 이야기를 하지는 못했습니다. 한편 음악가의 삶은 그에게 안정적인 삶과 꼬박꼬박 돈이 들어오는 통장을 보장할 수는 없겠지요. 하지만 조윤석, 아니 루시드 폴은 음악을 통해서 그 자신이 전하고 싶은 이야기를 자유롭게 할 수 있습니다.

"음악을 하겠다는 결정은 쉽게 했습니다. 문제 자체가 가벼워서 쉬웠다는 것은 아니고 답이 확실했기 때문입니다."

직업이란
인생의 3분의 1을
파는 것

"男·女 32.3%, '면접 위해, 성형 가능하다.'"

"외모가 사회경쟁력! 취업 준비생들 성형 증가."

"취업? 그대 눈에 달렸다…… '쌍꺼풀' 수술하는 남자들."

"면접의 준비, 쁘띠성형부터!"

이런 헤드라인이 달린 기사들을 발견하고 제 눈을 의심했습니다. 설마 취업 때문에 성형까지 할까? 그래도 혹시나 해서 포털 검색창에 '취업성형'을 검색했더니 스폰서링크가 마구 뜹니다. '면접관 선호 성형, 아나운서가 많이 찾는 성형외과, 면접관 호감 얼굴 연출, 취업성형 실시간 상담' 이런 문구들이 가득하더군요. 얼마나 수요가 많으면 스폰서링크까지 있을까요. 정말 취업이 절체절명의 지상과제이긴 합니다. 이렇게 얼굴까지 고칠 정도니까요.

대한민국에서
직업을 갖는다는 것

그런데 직업을 가진다는 것은 어떤 의미가 있을까요? 얼굴을 고칠 정도로 취업에 목매달지만 막상 직업을 가진다는 것의 의미를 진지하게 고민하는 경우는 많지 않은 것 같거든요. 직업을 가진다는 것은, 우선은 부모님에게 신세지는 것을 벗어나서 자신이 직접 돈을 벌고 그 돈을 쓰게 된다는 의미가 있을 겁니다. 돈 벌면 솔직히 기분 좋잖아요? 이제 막 직장에 다니게 된 사람들 대부분은 월급을 타면 뭘 살지 쇼핑리스트를 작성하면서 흐뭇한 미소를 짓는 경우가 많습니다. 물론 첫 월급을 타면 생각보다 적은 액수에 다소 실망하기도 하지요.

하지만 저에게 직업을 가진다는 의미는 이런 것과는 좀 다른 느낌으로 다가왔습니다. 무엇보다도 매일 아침 9시까지 칼같이 출근을 해서 저녁 늦게 퇴근을 하는 생활이 끝없이 반복된다는 것이 충격적이었습니다. 이건 상상을 하는 것만으로는 제대로 느낄 수 없어요. 직접 경험해보면 참 당혹스럽습니다. 특히 저 같은 경우는 전공이 전자공학 계열이다 보니 주로 관련 IT업체들에서 일을 했는데요. 사실 오후 6시 칼퇴근하는 경우는 극히 드뭅니다. 너무 늦게까지 일하는 분위기가 일상화되어 있다 보니 저녁 9시에 퇴근하면서도 “먼저 퇴근하겠습니다”라고 얘기하는 경우가 적지 않았습니다. 그런데 사실 IT 분야만이 아니라 대부분의 직장인들이 칼퇴근을 하지 못하지요. 밤 늦게 퇴근하는 경우가 무척 많습니다.

이렇게 늦게 집에 가면 너무 피곤해서 제대로 씻지도 못하고 잠들어 버리는 경우가 많지요. 사실 잠을 자고 있는 동안에는 시간이 흐르는 것을 느끼기 힘들기 때문에 눈을 감자마자 아침이 오고 눈이 떠지는 것 같죠. 이렇게 순식간에 아침이 되면 어떻게 해야 하죠? 얼른 씻고 출근해야 합니다. 늦으면 안 되니까요. 이런 생활이 평일 내내 계속 됩니다. 그리고 주말에 잠시 숨을 돌리고 나면 바로 월요일이 돌아오지요. 대학 때는 방학이라도 있지만 직장에서는 방학도 없습니다. 여름에 일주일 정도의 짧은 휴가만이 있을 뿐이지요. 1년 내내 이런 생활이 계속되지요. 1년이 아니라, 그 다음해에도 계속됩니다.

직업을 가진다는 것은 이런 겁니다. 이러한 생활이 그야말로 무한 반복되는 것이지요. 참 돈 벌기 쉽지 않지요. 그래도 한 달에 한 번 돌아오는 월급날에는 통장에 찍힌 숫자를 보며 흐뭇한 상상을 하기도 하지요. 그런데 흐뭇한 상상을 하기 전에 꼭 생각해봐야 할 문제가 있습니다. 그 월급을 받기 위해서 우리가 지불한 것은 무엇인가요?

바로 우리의 시간, 즉 '인생'입니다.

내 인생을 판 대가로 받는
월급의 가치

우리는 이 중요한 사실을 잊고 사는 경우가 많습니다. 내가 번 돈은 내 인생을 팔아서만 얻을 수 있다는 사실 말입니다. 이것이 구체적으로 어떤 의미가 있는지 알기 위해서는 약간 숫자 계산이 필요할 것 같습니다.

하루는 24시간이고 일주일은 7일이니 24에 7을 곱하면 일주일은 168시간이라는 것을 쉽게 계산할 수 있습니다. 하루에 낮잠까지 포함해서 대략 8시간은 수면을 취한다고 하면 일주일에 56시간은 수면을 취하는데 사용하게 됩니다. 그리고 주 5일 근무에 출퇴근 시간을 각각 한 시간씩 잡고 일주일 동안의 근무시간을 대략 52시간 정도로 잡으면, 일주일 동안 총 출퇴근 시간은 10시간이고 거기에 52시간을 더하면 62시간이 나옵니다. 그리고 일주일에서 수면시간 56시간과 업무시간 62시간을 제외하면 여가시간이 50시간이 나오지요. 음……이렇게 계산하고 보니 수면시간, 업무시간, 여가시간이 각각 대충 3분의 1씩 떨어지는군요. 물론 정확하게 계산하면 조금 차이가 나겠지만요. 얼추 그렇다는 의미입니다.

그러면 대략적으로 직장을 다니는 사람은 그 기간 동안 자신의 인생 중 3분의 1 정도를 팔아서 돈을 버는 것이라고 할 수 있습니다. 물론 대부분의 직장이 야근에 철야, 그리고 휴일근무를 밥 먹듯이 하는 경우가 많기 때문에 사실은 더 많이 팔수밖에 없지만요.

결국 직업을 선택한다는 것은 자기 인생의 3분의 1을 어떻게 활용할 것인가를 결정하는 것입니다. 그런데 솔직히 수면시간은 내가 주도적으로 활용할 수 있는 시간은 아니죠. 생물학적으로 어쩔 수 없이 사용해야 하는 시간입니다. 죽은 듯이 숨만 쉬면서 보내는 시간이죠. 물론 재충전도 하고 꿈도 꾸지만요. 그래서 이 시간을 계산에서 제외

한다면, 직업을 선택한다는 것은 사실상 내가 결정할 수 있는 깨어있는 삶의 절반, 혹은 그 이상을 어떻게 활용할 것인가를 결정하는 것이라고 할 수 있겠네요. 이렇게 직업을 선택한다는 것이 내가 통제할 수 있는 인생의 절반 이상을 결정하는 것이니 정말 중요하다고 하지 않을 수 없습니다.

돈 벌기 위해 일하는가,
하고 싶은 일을 하며 돈 버는가

직업을 선택하는 기준은 사람마다 좀 차이가 있는 것 같습니다. 돈을 많이 벌 수 있는 직업을 선호하는 사람이 있는가 하면, 벌이는 좀 시원치 않더라도 자신이 좋아하는 일을 하고 싶어 하는 사람도 있습니다. 한편으로는 직업선택에 대한 고민조차 사치스러운 경우도 있지요. 당장 먹고 사는 문제를 해결하기 위해서 급하게 직업을 선택하는 경우도 적지 않은 것 같습니다.

사실 직업 선택의 기준으로 '돈'을 최우선으로 고려하는 경우가 많은 것 같습니다. 가끔 '직업 선택의 기준'에 대한 설문조사 결과를 봐도 '돈'에 관한 항목이 다른 기준들에 비해서 압도적으로 높은 수치가 나오더군요. 아마 돈을 최우선으로 고려하는 사람들은 이런 생각일 겁니다. 어차피 일이란 건 고달프니까 최대한 돈을 많이 벌어서 인생의 3분의 1인 여가시간을 돈으로 즐겁게 보내자는 것이죠. 결국 자기 인생의 3분의 1을 업무시간으로 팔아서 나머지 3분의 1의 여가시간을 즐기자는 것이죠. 그런데 이 경우 굉장히 역설적인 상황이 발생하게 됩니다. 보통 돈을 잘 버는 사람일수록 대개 업무시간이 많습니다. 돈 잘 번다는 변호사들을 봐도 새벽까지 일하는 경우가 많거든요. 그러면 점점 여가시간은 줄어들게 됩니다. 돈을 많이 벌수록 여가시간이 줄어들기 때문에 여가를 즐기기 힘들어지죠. 또한 일 자체를 좋아서 한다기보다는 단순히 돈을 벌기 위해서 일을 하는 경우에는 일에 싫증을 느끼고 업무 효율이 떨어지는 경우가 많습니다. 그러다 보면 자신의 직업분야에서 다른 사람보다 뒤처질 가능성이 높지요.

반면에 자기가 하고 싶은 일을 직업으로 선택하는 사람의 경우는 좀 다릅니다. 이 사람들은 '돈'을 벌기 위해서 인생의 3분의 1을 희생할 생각이 없는 사람들입니다. 설사 돈을 조금 벌고 경제적으로 좀 궁핍해지더라도 자신의 직업에서 흥미와 보람을 느끼고 싶어 하는 사람들입니다. 이 사람들은 일 자체에서 즐거움과 행복을 느끼기 때문에 직업에 종사하는 시간인 인생의 3분의 1 자체가 스스로에게 즐거움을 주는 시간입니다. 그리고 나머지 3분의 1의 여가시간도 마찬가지고요. 자신의 일을 정말 사랑하는 사람이라면 아마도 여가시간과 업무시간의 구분 자체가 없어질 수도 있을 겁니다. 이들은 인생의 한 부분(여가시간)을 위해서 다른 한 부분(업무시간)을 희생하는 삶을 살지 않습니다. 그래서 인생 자체가 즐거움이 되는 것이죠. 물론 돈을 좀 적게 벌 수도 있겠고, 운이 좋은 경우는 자신이 좋아하는 일을 하면서 돈도 잘 버는 경우도 있겠지요. 어쨌든 이들은 자신의 직업에서 즐거움을 느끼기 때문에 자신의 직업에서 두각을 나타낼 가능성이 높습니다. 천재도 즐기는 사람은 못 당한다고 하잖아요? 루시드 폴이 가수를 직업으로 선택한 것도 '돈'을 위해서 자신의 인생 중 3분의 1을 희생하기를 거부한 것입니다.

우리 사회에는 직업 선택의 기준으로 '돈'을 중시하는 듯한 분위기가 있는 것이 사실입니다. 솔직히 부모님들이 자식에게 되기 원하는 직업이 주로 의사, 변호사, 공무원, 대기업 사원 등인데 이 직업들의 특징은 돈을 많이 벌거나 굉장히 안정적으로 돈을 꾸준히 벌 수 있는 직업들이라는 점입니다. 하지만 부모님들이 자식들에게 이런 직업을 권유할 때 과연 직업 선택이라는 것이 자식의 인생 3분의 1을 희생해야 한다는 점을 얼마나 고려하는지는 잘 모르겠습니다. 단지 돈을 많이 벌고 안정적이라는 이유만으로 적성에도 맞지 않고 그다지 흥미도 없는 일에 다시는 돌아오지 않는 인생의 3분의 1을 지불하는 것이 과연 좋은 선택인가요? 물론 적성에도 맞고 흥미도 있다면 다행이겠지만요.

결국 행복하기 위해서는 자신이 즐겁게 할 수 있는 일을 직업으로 삼아야 합니다. 그렇다면 어떤 일이 자신의 적성에 맞고 재미있는지 알아내는 것이 중요하겠지요. 그래서 단순히 영어공부하고 스펙 쌓기 위주의 취업준비에 미리부터 목매지 말고 젊음의 시절에 다양한 경험을 하는 것이 중요합니다. 이것저것 직접 해보고 느껴보지 않으면 어떻게 자신에게 맞는 일을 발견할 수 있겠습니까?

내 인생 3분의 1을 아무렇게나 팔 수는 없지 않나요?

취직이 안 되는
진짜 이유

"취업하기 어려우시죠?"

2010년 가을에 부산·경남 지역의 대학생들을 대상으로 강연을 한 적이 있는데요. 취업이 어려운 것 같다는 얘기를 꺼내니 어떤 학생이 다음과 같이 얘기를 하더군요, 자기가 아는 형이 연세대학교 경영학과 4학년인데 그 형이 말하기를 자기 과 4학년 중에 취업된 사람이 한 명밖에 없다고요. 참 심각한 상황이죠. 뭐 굳이 이런 얘기를 꺼내서 심각함을 강조하지 않아도 사실 다들 직접 몸으로 느끼고 있을 겁니다. 뉴스에서 청년실업 문제로 자살하는 젊은이의 소식이 심심치 않게 나오고 있을 정도니까요.

이렇게 취직이 어려워진 이유에 대해서 알아보기 전에 간단한 질문을 해보겠습니다. A라는 마을에 5,000명의 젊은이가 있습니다. B

라는 마을에도 5,000명의 젊은이가 있고요. A마을에서는 젊은이들이 아무 일도 안하면서 밥 세끼씩 꼬박꼬박 챙겨먹고 있습니다. B마을의 젊은이들은 일부는 농사를 짓고 일부는 옷을 만들고 일부는 집을 짓는 등, 모든 젊은이들이 뭔가 일을 하나씩 하고 있습니다. 물론 B마을의 젊은이들도 이렇게 일을 하면서 밥 세끼씩 꼬박꼬박 챙겨먹고 있고요. 여러분이 생각하기에 어느 마을이 바람직한 상황이며 앞으로 더 발전할까요? 너무나 답이 빤하죠? 당연히 B마을이 바람직한 상황일 겁니다. A마을에서는 5,000명의 젊은이가 무위도식하고 있지만 B마을에서는 열심히 일하면서 사니까요.

"놀고 싶어서
노는 게 아닙니다"

그런데 사실 청년실업문제가 심각하다는 것은, 요컨대 우리 사회에서 A마을과 같은 상황이 전면적으로 벌어지고 있는 것입니다. 사회에 아무런 기여도 하지 않고 밥 세끼를 꼬박꼬박 먹고 있는 청년들이 엄청나게 많은 상황인 것이죠. 게다가 이들은 자기가 놀고 싶어서 놀고 있는 것이 아닙니다. 어떻게든 취직을 해서 일도 하고 돈도 벌고 싶은데 아무도 자기를 써줄 곳이 없습니다. 정말 미치고 환장할 노릇이죠. 이렇게 어쩔 수 없이 집에서 놀고 있는 젊은이들이 정말 무슨 일이라도 할 수만 있다면, 이들이 그냥 집에서 놀고 있는 것보다 더 나은 상황이 되지 않을까요? 예를 들어서 놀고 있는 청년 중에 500명 정도만 열심히 건축 관련 일을 해서 집을 10채를 만든다면, 우리 사회에는 예전에는 없던 집 10채가 생기니까 이들이 가만히 있는 것보다 나은 상황이 될 것입니다. 그런데 수많은 청년들이 집단으로 그냥 아무 일도 안 하고 놀도록 방치되어 있습니다. 이건 청년실업을 겪는 개인에게도 큰 문제지만 사회 전체로도 엄청나게 비효율적이고 낭비입니다. 우리 사회의 미래를 짊어질 청년들이 자신의 의지와는 전혀 상관없이 집단으로 놀고 있는데, 이런 사회가 앞으로 발전할 것이라고는 생각할 수 없겠지요.

청년실업문제가 얼마나 심각한 상황인지를 이해하는 데는 이 정도면 충분하다고 생각합니다. 그렇다면 도대체 왜 이렇게 청년실업문제가 심각한 것일까요?

시장만능주의가 양산해낸
청년실업문제

저는 우리 사회가 너무 돈벌이를 최우선 목적으로, 아니 유일한 목적으로 하는 시장만능주의 사회가 되어버려서 그렇다고 생각합니다. 한번 차근차근 생각해봅시다. 여기에 하나의 기업이 있습니다. 이 기업이 물건을 만들어 내다파는 목적은 당연히 이윤을 내기 위해서, 즉 돈벌이를 잘하기 위해서입니다. 기업이 돈벌이를 잘하는 방법은 단순합니다. 최소비용으로 최단시간에 최대이윤을 내면 됩니다. 우선 새로운 상품을 개발한다거나 기존 상품의 품질을 높여서 돈을 버는 방법이 있을 겁니다. 하지만 이런 것은 모든 기업이 다 할 수 있는 방식은 아닙니다. 열심히 노력을 해도 새로운 상품을 개발하거나 품질을 개선할 수 있는 기업은 기술개발에 큰 투자를 할 수 있는 여력이 있거나 운이 좋은 일부의 기업일 뿐입니다. 그렇다면 기업 입장에서는 비용을 줄이는 것이 이윤을 내는 또 하나의 좋은 방법일 것입니다. 기계나 원료를 싼 값에 사오는 것은 한계가 있을 것이고, 그렇다면 결국 남는 것은 인건비입니다. 인건비를 최대한 줄이면 꼬박꼬박 월급을 주는 돈이 줄고 그렇게 되면 비용을 줄여서 더 많은 이윤을 벌 여력이 생기겠지요.

그런데, 인건비를 줄인다는 그 간단한 말이 현실에서는 꽤나 무서운 일로 나타나는 것 같습니다. 당장 사회적 문제가 되고 있는 '비정규직 문제'라는 것이 사실은 인건비를 대폭 줄이는 조치거든요. 임금은 정규직의 절반밖에 안 되고 맘에 안 들면 재계약을 안 하기만 하면 자동으로 해고할 수 있기 때문이죠. 원래 노동법에는 노동자를 아무런 이유 없이 마음대로 해고할 수 없도록 규정되어 있거든요. 그런데 계약직은 그냥 재계약만 안 하면 끝이니까 기업주의 입장에서는 인건비를 줄여서 돈벌이하기에 더 이상 좋을 수 없는 조건이겠죠?

이렇게 비정규직을 고용해서 인건비를 줄이는 방식으로 돈을 버는 것이 대세가 되면 사회 전체로 보았을 때 큰 문제가 발생합니다. 무슨 큰 문제가 발생하느냐 하면, 기업에서 만든 물건을 사줄 사람들이 없어지는 문제가 발생하지요. 왜냐하면 정규직의 월급보다 절반밖에 못 벌고 언제 잘릴지도 모르는 비정규직이 과연 얼마나 구매력이 있을까요? 호주머니 사정이 안 좋은데 어디 마트나 백화점에 가서 사고 싶은 물건을 마음껏 살 여유가 없는 겁니다. 그런데 우리나라의 노동자 중 절반이 훨씬 넘는 사람들이 비정규직으로 일하고 있다는 통계가 있습니다. 일하는 사람 중에 과반수가 이런 조건에서 일하고 있으니 사회 전체로 보았을 때 이전에 비해서 물건을 살 구매력이 현저히 떨어지겠지요. 그러면 기업이 만들어내는 물건이 잘 안 팔릴 테니 기업은 기존에 있는 인력도 운용하기 부담스러워지고 결과적으로 새로운 인력채용을 꺼리게 됩니다. 현재의 인력도 남아도는 상황에서 무슨 신규채용을 하겠습니까? 향후 시장 전망도 안 좋은데 사업을 확장할 수는 없겠죠.

청춘을 제외하고 움직이는
게임의 법칙

비정규직이 늘어나면서 사회 전체의 구매력은 큰 폭으로 줄어들게 되고, 이렇게 되면 경제는 계속 침체될 수밖에 없습니다. 결과적으로 기업들은 신규채용을 꺼릴 수밖에 없게 되고 청년들은 일자리를 찾을 수 없는 상황이 되는 것입니다. 이것은 청년들이 열심히 취업준비를 안 했기 때문에 발생하는 문제가 아닙니다. 모두들 취업하고 싶어서 난리인데도 불구하고 취업할 일자리가 없는 상황이 발생하는 것이죠. 물론 이렇게 일자리가 줄어들더라도 그 바늘구멍처럼 좁은 취업문을 통과하는 사람들은 존재하겠죠. 그 사람들은 나머지 취업하지 못한 사람들이 자기보다 열심히 취업준비를 안 했기 때문이라고 얘기할지도 모르겠습니다. 하지만 갑자기 이렇게 집단으로 취업이 안 되는 것은 분명 개인의 문제만은 아닙니다. 분명 사회 시스템 어딘가에 심각한 장애가 발생한 것이죠.

그러면 기업들이 인건비를 올리면 문제가 해결되지 않느냐고요? 자본주의 시장경제라는 시스템은 기업에게 최대한의 자유를 주고 기업들끼리 시장에서 돈벌이 경쟁이 붙어서 승자와 패자가 갈리는 게임의 법칙으로 돌아갑니다. 어느 한 기업이 인건비를 올린다면 그 기업은 비용이 늘어나게 되고 결국 이윤이 줄어들어 돈벌이 게임에서 탈락할 가능성이 높아집니다. 기업이 경쟁에서 탈락한다는 것은 망한다는 의미지요. 프로야구에서 이런 말이 있죠? '감독이 사람 좋으면 팀이 꼴찌한다.' 이 말은 자본주의 시장경제에 딱 들어맞는 말이기도 합니다.

우리는 기업이 잘 돼야 노동자도 잘 되고 결국 나라도 잘 된다는 얘기를 많이 듣습니다. 그래서 소위 '기업하기 좋은 나라'라는 표어를 내세워 자유로운 기업 활동에 방해가 되는 규제를 풀어주고 친親기업을 최고의 덕목으로 삼는 경우가 많은 것 같습니다. 그런데 기업 활동에 방해가 되는 규제를 풀어준다는 것은 결국 기업이 비정규직 노동자를 마음대로 고용해서 사용할 수 있는 자유를 준다는 말일 뿐입니다. 그런 식으로 인건비를 아껴서 기업 하나가 돈을 많이 벌면 노동자가 행복해지고 나라가 잘 될까요? 그 결론은 앞에서 보았듯이 악몽입니다. 물론 기업 입장에서도 할 말이 있을 겁니다. 자본주의 시장경제의 살벌한 경쟁에서 도태되면 기업 자체가 망하기 때문에 비정규직을 쓰는 것은 어쩔 수 없는 일이라고요.

이것은 명백하게 모순된 상황입니다. 우리는 학교에서 경제를 공부할 때 각각의 경제주체들이 자기 자신의 이익을 위해 노력하는 가운데 전체가 함께 행복해질 수 있는 것이 자본주의 시장경제라고 배웠습니다. 그런데 현실은 그와 완전히 반대입니다. 기업이 돈을 많이 벌기 위해서 인건비를 줄일수록 노동자들은 힘들어지고 나라 경제는 활력을 잃습니다. 그렇다고 기업이 인건비를 올리면 살벌한 시장 경쟁에서 도태될 가능성이 높습니다. 이러지도 못하고 저러지도 못하는 딜레마에 빠지는 것이죠.

국가의 역할은
무엇인가

그러면 이런 딜레마를 어떻게 해결해야 할까요? 기업에게 더 많은 자유를 줘서 문제를 해결해야 하나요? 기업에게 노동자를 마음대로 반값에 고용할 자유를 줘서 발생한 문제인데 더 많은 자유를 준다고 해결될까요? 하지만 안타깝게도 지금 우리가 문제를 풀어나가는 방식은 이런 식입니다. 현재 정부는 기업 규제를 푼다는 명분으로 비정규직을 전면적으로 확산하는 내용의 법안을 꾸준히 추진하고 있습니다. 기업이 이윤 추구하는데 불편함을 없애준다는 명분으로 말이죠. 그래야 경제가 산다고 주장하면서 말이죠. 문제의 원인이 자본주의 시장경제 자체에 있는데도 이런 방식으로 문제를 풀려고 하면 절대로 답이 나올 수 없습니다. 늪에 빠지고 있는데 늪 안에서 문제를 해결하려니 됩니까? 늪에서 빠져나와야 문제를 해결하지요.

비정규직 문제와 그로 인한 청년실업 문제를 해결하기 위해서는 경제가 돈벌이 위주로만 돌아가는 시장경제의 틀을 넘어서는 고민이 필요합니다. 이런 문제를 풀기 위해 중요한 것이 국가의 역할입니다. 국가가 경제에 적극적으로 개입해서 시장이 제대로 작동하지 않는 문제를 풀어내야 합니다. 경제가 완전히 망하는 길로 들어가고 있는데도 계속 '시장의 자유' 운운하면서 완전히 손을 놓고 있다면 그것은 정부라고 부를 수 없습니다. 맘대로 비정규직으로 직원을 고용할 수 없도록 규제를 가하는 법안을 만들고, 노동자가 정당한 대가를 받고 일할 수 있도록 최저임금을 현실화시켜야 합니다. 지금처럼 한 시간에 4,000원이 조금 넘는 말도 안 되는 최저임금으로는 최소한의 인간다운 삶도 보장받을 수 없습니다. 노동자들이 안정적으로 일할 수 있고 주머니 사정이 나아지면 당연히 더 많은 물건을 사려고 할 것이고 이것은 사회의 총수요를 일으키게 되어 기업의 생산을 자극하게 됩니다. 이렇게 경기가 살아나면 당연히 기업에서도 청년들을 적극적으로 고용할 수밖에 없는 상황이 되는 것이지요. 그리고 우리나라는 다른 나라에 비해서 일하는 시간이 너무나 깁니다. 노동시간을 단축해서 일자리를 창출할 필요가 있습니다. 그래서 여가를 즐기며 삶의 질도 높이고 일자리도 함께 나누는 것이죠.

뿐만 아니라 이윤 중심으로 돌아가는 민간 기업에만 경제활동을 맡길 것이 아니라 공익을 위해 운영되는 공기업을 대폭 확대해야 합니다. 어떤 사람들은 공기업은 비효율적이고 민영화가 세계적인 추세라고 주장하는 사람들이 있습니다. 하지만 전기나 수도, 의료, 교육 같은 공공 서비스는 절대로 민영화해서는 안 됩니다. 꼭 이윤이 나야만 생산을 할 수 있나요? 그건 시장에서나 가능한 논리입니다. 이윤이 나지 않아도 생산할 수 있어요. 10명이 산 속에서 아늑하게 살기 위해서 통나무집을 지을 때 이윤을 계산하면서 짓나요? 자신들이 살기 좋게 지으면 그만 아닌가요? 이윤이 나지 않아도 얼마든지 생산이 가능합니다. 단지 시장경제의 이윤추구 게임 법칙에 길들여져 있기 때문에 이윤추구만이 생산의 유일한 목적이라고 믿고 있는 것일 뿐입니다.

문제는 성장 부족이 아니라 나눔 부족

향후 국가가 이런 식으로 청년실업문제에 직접 개입하지 않고 계속 시장의 자유에만 맡긴다면 상황은 더욱 나빠지기만 할 것입니다. 그리고 앞서 보았듯이 청년실업문제는 다른 문제, 예를 들어 비정규직 문제와도 밀접한 관련이 있습니다. 앞 세대가 빨리 퇴직하지 않고 자리를 차지하고 있기 때문에 청년 세대가 힘들다는 식의 분석이 있는 것 같은데, 현실과 맞지도 않을뿐더러 매우 위험한 분석이기까지 합니다. 앞 세대의 고용이 불안정해지면서 일찍 퇴직하는 사람도 늘어나고 비정규직으로 일하는 사람이 대폭 늘어나다보니 사회적으로 구매력이 줄어들고 그 여파로 경제가 활력을 잃게 되고 청년들이 취업할 여건이 조성되지 않고 있는 것입니다.

우리에게는 성장이 부족한 게 아니라 나눔이 부족합니다. 그리고 나눔이 부족한 상황이 청년실업의 근본 원인입니다.

행복의
기회비용

「녹색평론」이라는 잡지가 있습니다. 격월간으로 나오는 잡지인데 생태적인 삶과 대안에 대한 진지한 글들로 가득 찬 매우 뜻 깊은 잡지입니다. 저도 인연이 닿아서 글을 몇 번 기고하기도 했지요. 이 잡지에 실린 글을 읽다가 무척 인상을 받은 구절이 있습니다. 지금부터 할 이야기와도 관련이 있기 때문에 아래에 소개합니다.

여러분도 잘 알고 계시는 우화 하나를 가지고 말머리를 꺼내볼까 합니다. 한 남자가 고요한 바닷가에 앉아서 평화롭게 낚시를 하고 있는데 어떤 사람이 지나가다가 멈춰서서 하는 말이, 왜 그렇게 비효율적으로 낚싯대 하나 걸쳐놓고 고기를 잡고 있느냐고 그래요. 이 이야기 여러분들 대개 아시죠? 알고 계시겠지만, 이야기 진행상 필요할 것 같아서 되풀이하겠습니다. 그러면 어떻게 해야 하느냐고 낚시질하던 사람이 묻습니다. 그러니까 지나가던 사람이 '그물을 쓰셔야지요' 하고 말합니다. 그물을 쓰면 한꺼번에 물고기를 많이 잡을 수 있지 않느냐고요. 그래서 그 낚시꾼이 그렇게 고기를 많이 잡아서 뭐가 좋으냐고 묻습니다. 그러면 그걸 팔아서 돈을 많이 벌어 큰 배를 살 수 있지 않겠느냐, 그래서 원양어업을 본격적으로 할 수도 있을 거고. 낚시하던 사람이 또 묻습니다. 원양어업을 해서 뭐 할 건데요? 행인이 말합니다. 그러면 큰 수산회사 사장도 되고, 회장도 될 수 있다고. 그러자 또 낚시꾼이 묻습니다. 큰 회사 회장님이 되면 뭐가 좋은데요? 아니, 나중에 은퇴해서 편하게 살 수 있지 않느냐. 어떻게 편하게 사는데? 고요한 바닷가에 나와서 낚시질을 하면서 지낼 수 있지 않겠느냐. (웃음) 내가 바로 지금 그러고 있지 않느냐.

— 「녹색평론」(제110호 2010년 1—2월호)

우리는 항상 행복을 추구하고 있다고 얘기하면서도 실상은 행복을 미루고 있는 것은 아닐까요? 위의 인용문에도 나오듯이 바로 지금 이 순간에 고요한 바닷가에서 낚시를 하는 즐거움을 느끼면 될 일을, 원양어선까지 만들어가면서 오랜 시간을 돌고 돌아 몸에 힘이 빠지는 나이에서야 느낄 필요는 없으니까요. 사실 제 자신의 삶을 돌아보아도 항상 '미래의 행복을 위해서'라는 명목하에 현재의 행복을 유보하고, 심지어는 현재의 부당함과 고통도 항상 묵인해왔던 것 같다는 생각이 들었거든요.

미래의 행복을 위해 유보해둔
현재의 행복

많은 고등학생들이 명문대학에 진학하면 고생 끝 행복 시작, 이라는 생각으로 세계 역사상 유례를 찾기 힘든 망국적 입시지옥의 고통을 견디고 있습니다. 그렇게 해서 대학을 가면 행복 시작이냐고요? 1학년 때 멋모르고 놀다가 소위 야구선수 선동렬 방어율 1.20에 해당하는 학사경고에 가까운 학점을 받는 우를 범하고 나면 정신이 번쩍 들지요. 이러다가 취직 못한다! 그래서 번듯한 직업을 가지기 위한 무한 경쟁이 시작됩니다. 취업 후의 행복을 위해서 대학생활의 '고통'은 견뎌야 한다는 것이죠. 대학만 가면 고생 끝 행복 시작일 줄 알았더니 고생 끝에 고생이 오는군요. 어쨌든 그렇게 해서 다행히 좋은 곳에 취직이 되면 이제는 '정말로' 행복이 시작될까요? 직업 전선이야말로 이제껏 살아오면서 경험하지 못한 진정한 전쟁터입니다. 다른 동료들과의 승진 경쟁, 다른 업체와의 시장 경쟁, 여기서 도태되면 미래의 행복은 없다는 생각에 살벌한 전쟁터에서 생존경쟁의 고통을 이겨내야 합니다. 총만 안 들었지 완전 전쟁터죠. 사실 이렇게 현재의 행복을 유보하면서 미래의 행복을 추구하는 방식은 우리 삶의 정형화된 패턴 같습니다.

이쯤 되면 정말 의문이 생길 수밖에 없습니다. 내가 지금까지 미뤄 온 '행복'은 언제쯤 모습을 드러내는 거지? 과연 내가 좇아온 '행복'이란 것이 진짜 존재하기는 하나? 하지만 뉴턴의 '관성의 법칙'이 인간의 삶에도 적용이 됩니다. 그냥 살아오던 관성대로 살아지는 것이죠. 이제 '행복'같이 거창하고 사치스러운 얘기는 사라져 버리고 하루하루의 생존을 위해 살게 되는 것입니다.

단언컨대 이런 삶은 전혀 행복하지 않은 삶입니다. 과연 이렇게 행복을 계속 미루기만 하는 것이 나의 삶이 행복해질 수 있는 진정 옳은 선택일까요? 물론 행복을 미뤄서는 안 된다는 말이 미래에 대한 계획 없이 현재의 쾌락을 즐겨야 한다는 의미는 아닙니다. 마약, 게임, 도박과 같은 말초적인 쾌락에 빠져서 삶을 허비하고 인생을 놓아 버리는 것을 일반적으로 행복이라고 부르지는 않으니까요. 그건 자신의 인생 전체보다 순간의 쾌락만을 더 사랑하는 어리석은 사람들이 하는 행동입니다.

행복은 목표지점이 아니라
과정에도 있는 것

그렇다면 어떤 관점에서 행복을 봐야 할까요? 행복이란, 목표를 달성했을 때 얻어지는 행복만 중요한 것이 아니라, 그 목표를 추구하는 과정에서 얻는 행복도 중요합니다. 편한 일을 하라는 뜻으로 하는 이야기는 아닙니다. 음악가 베토벤은 우리가 잘 알다시피 한창 작곡가로 잘 나가던 시절에 귀머거리가 되었습니다. 유서를 써놓고 자살을 시도할 정도로 한때 베토벤은 좌절했습니다. 하지만 자살하려던 그를 잡아 세운 것은 대작곡가로 명성을 얻겠다는 '목표로서의 행복'이 아니라 매일매일 음악을 작곡하며 느끼는 '과정으로서의 행복'이었습니다. 귀가 안 들리는 그 힘든 상황에서도 세상 사람을 감동시키는 음악을 작곡하는 하루하루의 과정 그 자체가 베토벤에게는 행복이었고 바로 그 '과정의 행복'이 베토벤이 삶을 놓지 않게 만든 힘이었습니다. 만약 베토벤이 '목표의 행복'만을 추구했다면 그는 귀머거리가 되는 순간에 자살을 했을지도 모릅니다. 왜냐하면 귀머거리가 된다는 것은 자신의 목표를 달성하는 것이 거의 불가능해진다는 것을 의미했기 때문이죠.

만약 여러분이 미래의 행복을 얻기 위해 바로 지금 현재를 준비해나가는 과정이 행복하지 않다면 진지하게 자신의 상황을 고민하고 돌아볼 필요가 있습니다. 행복하지 않다면 열심히 할 수 없습니다. 열심히 할 수 없다면 잘할 수 없고요. 잘할 수 없다면 결국 생각하는 목표를 이룰 가능성이 낮아집니다. 결국 과정이 행복하지 않다면 목표를 달성할 확률도 낮아지고, 아예 행복 자체를 맛보지 못하게 됩니다. 거꾸로 얘기하면 목표를 준비하는 과정 자체가 행복한 사람은 당연히 그 일을 열심히 하게 되고, 열심히 하는 사람은 그 일을 잘할 가능성이 높아지며 결국 목표를 달성할 확률이 높아집니다. 이 얘기는 앞의 글에서도 비슷하게 언급했던 것 같군요.

행복을 미루면 결국 행복을 얻을 수 없습니다. 미래의 행복을 위한다는 명목으로 현재의 행복을 유보하지 마십시오.

대한민국에서 가장 행복한 아나운서를 만나다

여대생들이 가장 선망하는 직업이라는 아나운서. 매일 밤 9시면 어김없이 TV 화면에 나타나 지적이고 우아한 모습으로 그날 있었던 뉴스를 차분하고 신뢰감 있게 전달하는 모습은 뭇 남성들에게는 선망의 대상이요, 뭇 여성들에게는 닮고 싶은 이데아입니다. 아마도 그래서일 겁니다. KBS, MBC, SBS 같은 지상파 방송의 아나운서를 모집하면 경쟁률이 1,000대 1을 훌쩍 넘어버린다고 하더군요. 경쟁률 1,000대 1이라는 말의 정확한 의미를 생각해볼 필요가 있을 것 같습니다. 아나운서를 뽑는 데 1,000명이 지원했다면 그 중에 1명만이 선택되고 나머지 999명은 탈락한다는 의미인데요. 엄청나군요! 우리가 TV에서 보는 여성 아나운서들은 바로 그런 경쟁을 뚫고 살아남은 사람들 중에서도 또 한 번 선택된 사람들이라는 말이 되는 겁니다. 그렇다면 나머지 999명은 어떻게 사는 것일까요? 아나운서를 지망한다면 누구나 지상파 방송국의 아나운서를 꿈꿀 텐데 그 목표를 달성하지 못한 사람은 불행한 것 아니냐는 생각이 들었거든요. 999명 중의 1명인 인터넷언론사 '민중의소리' 정혜림 아나운서를 만났습니다.

"방송 3사, 그러니까 KBS, MBC, SBS 아나운서가 되고 싶다고 생각을 했습니다. 아카데미도 다니고 시험도 많이 보러 다녔는데요. 솔직히 되는 사람들은 0.001%잖아요. KBS, MBC, SBS, 그리고 YTN 정도 외에는 거의 제대로 된 대접을 받기가 힘듭니다. 정규직 일자리 자체도 많지가 않고, 사내 아나운서 같은 경우도 대부분 계약직이거든요. 그리고 대부분 경력직으로 뽑습니다. 그러다보니 잘 알려지지 않은 방송국의 리포터를 뽑는 데에도 몇 백 명씩 지원자가 몰립니다."

우연히 입사한 '민중의소리'에서
새로운 길을 찾다

고등학교 시절 방송부를 하면서 아나운서의 꿈을 키워왔던 정혜림 씨는 2003년 중앙대학교에 입학하여 정치외교학과 국문학을 복수 전공했답니다. 그런데 막상 아나운서 준비에 본격적으로 뛰어들고 나서 접한 현실은 그녀의 생각과 큰 차이가 있었다는군요.

"아나운서를 준비하려고 아카데미에 들어갔더니 정말 얼굴이 인형처럼 예쁜 친구들이 있더라고요. 전공은 무용, 미술, 바이올린, 이런 친구들이 굉장히 많았고요. 그러다보니 내가 아나운서가 되기 위해 준비했던 것들이 사실은 별로 중요하지 않은 것들이었나 하는 생각이 들었습니다. 아나운서 시험 보러 다니면 정치 같은 것을 물어보는 곳은 거의 없고요. 대부분 대본 읽는 것만 시키더라고요. 젊고 예쁜 아가씨들이 잠깐 단기적으로 소모됐다가 사라지는 것 같은 느낌이 들었어요."

정혜림 씨는 2008년 가을 어느 날 우연히 아나운서 모집 공고를 보고 소위 운동권 언론사인 민중의소리 아나운서에 지원했습니다. 학창 시절에 운동권과는 전혀 인연이 없었던 그녀는 단순히 1년 정도 경력을 쌓겠다는 가벼운 마음으로 지원을 했다는데요.

"입사하고 3개월간 수습이었는데요. 아나운서 교육보다는 오히려 기사 쓰기, 카메라 촬영하고 편집하는 방법, 사진 촬영, 오디오 편집도 배우고, 방송으로 할 수 있는 거의 모든 것을 다 배웠습니다. 아나운서 아카데미에서는 고급스럽게 말하는 방법만 배웠거든요. 호기심이 많은 성격이라서 재미있었습니다."

일반 아나운서가 받을 수 없는 전천후 교육을 받았기 때문일까요? 그녀는 다른 아나운서들은 10년이 걸려도 하기 힘든 다양한 경험들을 민중의소리 아나운서 1년 만에 두루 섭렵하게 되었습니다.

"처음 들어왔을 때 일주일 만에 현장 리포팅을 시키시는 거예요. 그리고 얼마 되지 않아서 1시간짜리 시사 라디오를 하라고 하시더라고요. 그것도 생방송으로요. 대본도 제가 직접 쓰고요. 항의 단식중인 민주노동당 이정희 국회의원과 한 시간짜리 토크쇼를 하기도 하고요. 다짜고짜 그렇게 시키는데 그것이 순발력을 기르는데 도움이 되더라고요. 언제 제가 그런 무대에 서 보겠어요? 국회의원과 토크쇼를 하고 말이에요. 일반 방송국에서 리포터나 아나운서를 해도 그런 기회가 절대 없거든요. 이제 1년 좀 넘었는데 아나운서로서의 일 외에도 가끔 기사도 쓰고 필요한 때에는 카메라 기기나 오디오를 다루기도 합니다."

"회사가 저를 키워주지 못해
안달이 난 느낌이에요"

한 주간 네티즌들이 열광했던 이슈들을 되짚어보는 시사만평 코너인 '도도한 뒷담화'는 실제 정혜림 씨가 직접 기획하고 대본까지 작성하는 프로그램인데 벌써 수십 회를 넘어설 정도로 꾸준히 인기를 얻고 있습니다. 이 외에도 여러 가지 프로그램을 진행하면서 다양한 역할을 하다 보니 평일에도 밤늦게 퇴근하는 경우가 많고 주말에도 일이 있을 경우가 많다고 하네요. 이쯤 되면 불만으로 입이 삐쭉 나와야 하는 상황일 텐데, 쉬지 않고 자신의 얘기를 쏟아내는 정혜림 씨의 얼굴은 무척이나 행복해 보였습니다.

"이 회사는 저를 키워주지 못해 안달이 난 느낌이 들어요. 솔직히 저 같은 신입이 어느 회사에 가서 이런 대접을 받겠어요? 처음에 '도도한 뒷담화'도 제가 기획을 해서 직접 촬영하고 편집을 했거든요.

그런데 회사에서 기획이 괜찮다고 하면서 카메라 기자분이 붙고, PD 분이 편집을 해주시게 된 거죠. 그래서 지금은 제가 대본만 쓰고 촬영만 합니다. 생각해보면 제가 고등학교 때부터 하고 싶어 했던 아나운서를 하게 된 것이 정말 좋습니다. 그리고 자신이 일하는 회사에서 이렇게 좋은 사람들을 만나는 것도 쉽지 않을 것이라고 생각해요. 제가 대학교 때 별명이 '위험 기피자'였거든요. 절대 위험한 곳에는 가지 않는다, 이런 게 있었거든요. 그런데 친구들이 '너 같은 위험기피자가 어떻게 가장 위험하다고 할 수 있는 민중의소리에서 일할 수 있냐'라고 얘기해요. 저도 물론 그렇게 될 줄 몰랐죠. 하하하!"

정혜림 씨는 자신이 민중의소리에서 잘 적응할 수 있었던 것은 '욱'하는 성질이 있어서 그런 것 같다고 얘기했습니다. 잘못된 것을 봤을 때나 잘못된 대우를 받았을 때나 '욱'하는 것이 있다는 말이죠.

"2009년 1월 1일에 보신각에 현장 리포팅을 하러 나갔어요. 그때는 입사한 지 3개월밖에 안 됐었거든요. 그때 부당하게 해고당한 전교조 선생님들이 현장에서 풍선을 나눠주시면서 자신들의 상황을 알리고 있었어요. 그런데 선생님들이 풍선을 부풀리는 장소에 전경들이 와서 풍선을 다 터트리는 일이 벌어졌습니다. 제가 연락을 받고 카메라 기자 선배와 같이 달려갔어요. 그런데 워낙에 사람이 많으니까 좁은 공간에 많은 사람들이 밀집된 거예요. 그때 전경들이 밀어붙이는데 제가 벽과 전경 사이에 끼였거든요. 그런 상황에 닥쳐본 적이 없어서 너무 무섭고 눈물이 울컥 날 것 같은 거예요. 그때 순간적으로 제가 '욱'했어요. 눈물이 나려고 하다가, '내가 왜 울어! 울면 지는

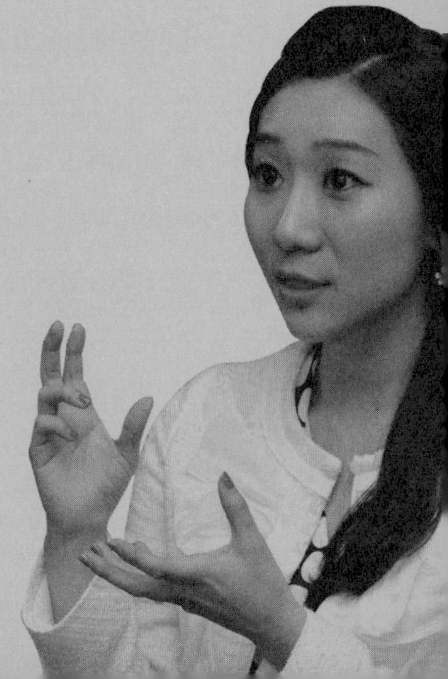

“방송 3사의
아나운서가 될
가능성은
0.001%입니다.”

거야!' 그러면서 막 전경한테 밀지 말라고 소리를 질렀어요. 그랬더니 제 옆에 있던 전경이 저한테 욕을 하더라고요. 그래서 저도 욕을 해줬죠. 정말 울분이 터지더라고요. 풍선을 불법시위용품이라고 하면서 막 터트리는 거예요. 정말 화가 나더라고요."

"제 꿈은 이제부터가
시작입니다"

●

민중의소리라는 매체의 성격 때문인지 라디오 방송을 진행할 때면 청취자들이 주로 민중가요를 많이 신청한다고 합니다. 그런데 민중가요를 잘 몰라서, 신청한 것이 노래 제목인지 가수 이름인지 헷갈리는 경우가 적지 않았다고 웃으며 얘기하는 정혜림 씨. 아직도 '동지'나 '총화' 같은 운동권 단어들이 낯설게 느껴진다고 하네요. 하지만 그녀는 이전에는 자기와 상관없다고 생각했던 그곳에서 새로운 인생의 전망을 찾아나가고 있었습니다.

"예전에는 아나운서가 되면 제 꿈이 끝나는 줄 알았습니다. 방송 3사 아나운서가 되는 것, 이것 외에는 없었던 거예요. 솔직히 인생이 몇 년인데, 20대에 이룰 수 있는 아나운서 되는 것이 끝이었던 거예요. 생각해보면, 내가 만약에 정말로 운이 좋아서 방송 3사 아나운서가 됐다면 그때는 얼마나 허탈했을까라는 생각이 들기도 해요. 저는 지금 민중의소리에서 키워주는 메인 아나운서로 꿈을 이뤘어요. 이제는 아나운서라는 꿈만으로 한정짓고 싶지는 않아요. 나중에 뭐가 될지는 모르겠지만, 최대한 나 자신을 어디 내놔도 역할을 할 수 있는 만능인으로 만들어보고 싶습니다.”

정혜림 씨는 언론으로서 민중의소리가 운동권이나 진보 쪽에만 통용되고 읽혀지는 것이 처음에 시작할 때는 긍정적일 수 있지만 어떻게 보면 한계가 될 수 있다는 생각도 든다고 말했습니다. 그런 측면에서 자신이 ‘다리’의 역할을 할 수 있지 않을까라고 조심스럽게 얘기를 합니다. 정혜림 씨 자신이 운동권 출신이 아니기 때문에 그러한 역할을 할 수 있다는 것이죠. 민중의소리가 그녀 자신을 변화시켰듯이, 그녀는 세상과 민중의소리 사이의 다리가 되어 세상을 변화시키고 싶은 것입니다.

“제가 바른 곳에 서 있다고 생각합니다. 그런 자부심이 있습니다. 같이 일하는 회사 사람들이 존경스럽습니다. 너무 멋진 사람들이에요. 동료의 일을 자기 일처럼 생각하고 함께 도와주는 모습이 정말 좋아요.”

그녀는 분명 지상파 3사의 아나운서 1,000대 1의 경쟁률을 뚫는 데에는 성공하지 못했습니다. 앞에서 얘기했던 ‘목표의 행복’을 얻지는 못한 것이죠. 하지만 대한민국 아나운서 1,000명을 모아놓고 행복지수를 비교한다면 아마도 그녀가 당당히 1위를 하지 않을까요? 자신이 하는 일에서 보람과 자부심을 느끼며 함께 일하는 동료들을 존경할 수 있는 사람보다 더 행복한 이를 찾는다는 것은, 적어도 대한민국 사회에서는 정말로 힘든 일이기 때문입니다. 그녀는 '과정의 행복'을 얻고 있는 대한민국에서 가장 행복한 아나운서입니다.

민국 사회에서는 정말로 힘든 일이기 때문입니다. 그녀는 '과정의 행복'을 얻고 있는 대한민국에서 가장 행복한 아나운서입니다.

배움

진짜 대학大學은 어디에 있나?

리얼리스트가 되어라.

하지만, 가슴속엔 불가능한 꿈을 꾸어라!

– 체 게바라

인터뷰는
나의 대학大學

일, 십, 백, 천, 만, 십만, 백만, 천만! 세상에나, 방문자 수가 천만 명을 넘는 블로그라니! 2008년 8월 14일에 첫 글이 올라온 이후, 2010년 4월 29일 현재 방문자 수가 12,624,953명이더군요. 산술적으로 계산하면 하루에 2만 명이 넘는 사람이 블로그를 찾아야 가능한 수치입니다. '꺄르르'라는 필명으로 오마이뉴스에 블로그(http://blog.ohmynews.com/specialin)를 운영하는 이인 씨를 지난 2010년 2월 10일 홍대의 한 카페에서 만났습니다.

"지난 1년간 200명 정도 만난 것 같습니다."

블로그에 올릴 글을 쓰기 위해서 지난 1년간 200명이 넘는 사람들을 만난 것 같다고 했습니다. 에세이스트 김현진, 딴지일보 김어준,

수유+너머 연구소 고병권, 역사학자 한홍구 등의 유명한 인사들뿐만 아니라 다양한 분야의 생활인들을 만난 이인 씨는 만남의 흔적을 차곡차곡 블로그에 남겼습니다. 그리고 인터뷰 관련 글 외에도 다양한 이슈에 대해 이인 씨 자신의 솔직한 느낌을 담은 글들을 올렸고, 수많은 네티즌들이 글의 내용에 공감하면서 댓글을 남겼습니다. 도대체 무엇 때문에 이인 씨는 이토록 성실하게 글을 올렸을까요?

"저는 쾌락을 굉장히 중요하게 생각하는데요. 인터뷰를 하러 갈 때 만나는 분에게 뭔가를 배운다는 생각으로 갑니다. 제가 인터뷰이의 책을 읽었다 하더라도, 그분을 책으로 만나는 것과 직접 만나서 눈으로 코로 입으로 피부로 느끼는 것이 다르더라고요. 그런데 사람은 망각을 하니까, 며칠 지나면 그 느낌을 잊게 되죠. 하지만 녹취를 풀면서 다시 그 느낌을 복습하게 됩니다. 공부가 굉장히 깊게 되더라고요. 이런 과정이 즐거웠기 때문에 계속 할 수 있었던 것 같습니다."

사회학을 공부하며
색다른 쾌락에 빠져들다

10대 시절부터 옷장사로 돈을 벌 정도로 이재에 밝은 시장주의적 인간이었던 그는 2002년에 모 대학의 경제학과에 입학을 했습니다. 그런데 철학이나 인문학을 접하면서 자신의 사고가 한쪽으로 치우쳤음을 깨닫고 사회학을 복수전공했다고 합니다. 술 마시기 좋아하고 여자 만나는 것 좋아하고 스포츠를 좋아하는, 그야말로 평범한 대학생이었던 이인 씨는 대학에서 철학과 인문학, 사회학을 접하면서 이전에는 느낄 수 없었던 쾌락을 알게 된 것이죠.

"책 한 권이 사람을 바꾸지는 않는 것 같습니다. 책을 많이 봐야겠지요. 마치 100도가 되기 전까지는 아무리 가열해도 물이 끓지 않듯이 말이에요. 그럼에도 15도씩 온도를 올려주는 책들이 있는 것 같아요. 『우리 안의 파시즘』 같은 책이나, 김상봉 선생님과 서경식 선생님의 대담을 담은 『만남 : 서경식 김상봉 대담』 같은 책을 보면서 정말 영혼이 뜨거워지더라고요. 이렇게 아파하면서, 세상을 고민하면서 살아가는 분들이 있구나, 라는 생각이 들었어요. 너무 진지하게 읽다 보니 한 페이지를 넘기는 것이 너무 힘겨웠습니다."

사실 저는 이인 씨로부터 은근히 블로그에 천만 명을 모을 수 있는 비밀 홍보방법을 얻고 싶었습니다. 뭔가 남들은 모르는 특별한 영업비밀이 있을 것이라고 지레짐작했기 때문이죠. 그렇지 않고서야 어떻게 유명인도 아닌 개인의 블로그에 천만 명이나 올 수 있겠어요? 그런데 사실 이인 씨는 컴퓨터에 그다지 익숙하지 않은 사람이었습니다. 그가 둥지를 틀고 있는 블로그도 사실 오마이뉴스에서 꾸며줬다고 합니다. 이인 씨는 컴맹에 가까운 사람이었던 것이죠.

"홍보를 어떻게 하는지 몰랐습니다. 처음에 몇 만 명이 들어올 때 정말 놀랐어요. 포털 사이트의 힘이 크더라고요. 포털 사이트의 메인 페이지에 많이 떴습니다. 시의성 있는 내용을 올리면 많이 띄워주더라고요. 내용이 제일 중요한 것 같습니다. 홍보방법은 솔직히 태그를

다는 것밖에 없지 않나요? 저도 잘 모르겠네요. 하하. 저는 오히려 성실함 때문에 많이 찾아주신다고 생각합니다. 하루에 하나 이상씩 글을 올렸거든요. 재미가 있으니까 주말에도 꾸준히 하나씩 올렸습니다."

"주류에서 빠져나와,
사람을 만나며 배웁니다"

블로그의 RSS 기능에 대해서도 잘 모르는 이인 씨가 파워블로거가 된 이유는 의외로 너무나 단순했습니다. 그저 성실하게 블로그를 운영했기 때문입니다. 역시 답은 항상 단순한 곳에 있다는 자명한 진리를 다시금 깨닫게 되었습니다. 그의 담담한 대답을 듣고 있자니 마치 초야에 묻혀 무공을 닦고 있는 무인의 강직함이 느껴졌습니다.

"지금 제 삶과 인생이 달라지는 공부를 하고 있다고 생각합니다. 우리 젊은이들은 지금까지 하라는 대로 살아왔잖아요. 마치 홈이 파인 곳으로 물이 흐르듯 말입니다. 저도 그렇게 살아오다가 이대로는 행복하지 않겠다는 생각을 한 것입니다. 그래서 흐름에 거스르기 시작하고 파인 홈에서 나온 것이라고 할 수 있죠."

이인 씨는 주류主流, 그러니까 메인 스트림main stream을 거부하기 시작한 것입니다. 공부를 계속하겠지만, 그것이 제도권에서 석사나 박사 같은 학위를 따기 위한 공부는 아니라고 강조했습니다. 석사나 박사 학위는 말하자면 물이 흐르도록 파놓은 홈인데 그곳으로 흐르기를 거부하는 자신이 가야 할 길은 아니라는 말이죠.

"보통 사람들이 인문학에 그다지 관심이 없는 것은 사실입니다. 저도 예전에 그랬었죠. 최근에는 대중문화에 대해서 관심이 생겼습니다. 칸트가 어떻고 프로이트가 어떻고 하는 어려운 얘기보다는 대중문화의 원리를 탐구하면서 그 안에서 인간의 모습을 발견하고 싶습니다. 대중문화 안에는 제 안의 욕망, 그리고 세상 사람들의 욕망이 다 들어가 있으니까요. 인문학이나 대중문화나 결국은 토대는 같다고 생각해요."

블로그가 세상을 바꾼다는 둥, 트위터가 세상을 바꾼다는 둥, 스마트폰이 혁명을 일으킬 것이라는 둥, 저는 그런 얘기를 믿지 않습니다. 그렇지만 블로그든 트위터든 스마트폰이든 간에 세상을 바꾸는 것은 그것을 사용하는 '사람'입니다. 물건을 팔기 위해서 블로그를 사용하는 사람도 있고, 단순히 하루하루의 일상을 적기 위해서 블로그를 사용하는 사람도 있을 수 있습니다. 반면에 블로그를 자신의 삶을 갈고 닦는 데에 사용하는 이인 씨 같은 사람도 있는 것이죠. 세상을 바꾸는 것은 단순히 블로그 자체가 아니라, 세상을 바꾸기 위해 블로그를 사용하는 '사람'인 것입니다. 그런 의미에서 이인 씨는 진정 파워블로거라는 생각이 들었습니다.

"우리 젊은이들은
지금까지 하라는 대로
살아왔잖아요.
저도 그렇게 살아오다가
이대로는 행복하지 않겠다는
생각을 한 것입니다."

대학에서는 얻을 수 없었던
'큰 가르침'

몇 달 후 이인 씨가 『청춘대학』이라는 책을 냈다는 얘기를 들었습니다. 인터뷰했던 사람이 책을 냈다니 호기심이 생겨서 구해서 읽었죠. 책을 읽으며 제목 『청춘대학』에 있는 '대학'이라는 글자가 마음속에 남았습니다.

'대학大學.'

아마도 큰 가르침을 얻을 수 있다고 해서 대학大學이라고 칭하지 않았을까 싶습니다. 하지만 요즘 대학교를 보면 과연 큰 가르침이란 것이 그곳에 존재하기는 하는지 의구심을 가질 수밖에 없습니다. 차라리 회사 맞춤형 휴머노이드를 대량으로 양산해내는 공장이 대학의 진짜 모습인 것 같습니다. 이인 씨가 300명이 넘는 사람들을 인터뷰한 것은 우리 시대의 대학에서는 얻을 수 없는 '큰 가르침'에 대한 갈증 때문이라는 것을 이 책을 통해 알게 되었습니다.

"선생님이 그리웠습니다. 휘청대는 젊음에게 토닥여주면서도 이따금 매섭게 호통도 쳐주시는 선생님. 어깨동무를 하면서 같이 콧노래를 부르지만 어디로 갈지 헤맬 때는 저 멀리서 이리로 오라고 손짓을 해주시는 선생님. 그런 분이 있었다면 지금 맞고 있는 폭풍우 속에서도 내동댕이쳐지진 않았을 거란 생각이 들었죠. 존경할 만한 분보다는 저렇게 되진 말아야지 했던 사람들을 많이 만났던지라 '참선생님'이 간절했습니다."

-『청춘대학』 중에서

『청춘대학』에는 블로그를 운영하면서 만난 사람들 중 철학자 강신주, 수유+너머의 고미숙과 고병권, 방송인 김미화, 경제학자 우석훈, 역사학자 한홍구, 언론인 홍세화, 사회학자 한완상 등 열일곱 분의 참선생님들과 만남이 담겨있습니다. 이 열일곱 분의 참선생님과의 만남을 통해 이인 씨는 대학시절 학점과 스펙만을 추구하던 시절에는 얻을 수 없었던 '큰 가르침'을 얻어나갔습니다. 이인 씨 자신이 느끼고 있는지는 모르겠지만, 저는 『청춘대학』을 읽으며 저자 이인 씨가 자신이 만나온 사람들의 모습을 닮아가고 있다는 느낌을 강하게 받았습니다. 철학자 강신주와의 만남 후 앎은 자신을 더 나은 사람으로 거듭나도록 이끄는 길이라고 고백하는 모습에서, 수유+너머의 고미숙을 만난 후 몸과 마음은 하나로 연결되어 있음을 느끼는 모습에서, 경제학자 우석훈을 만나 그의 '명랑 좌파' 기운을 받아 안는 모습에서 이인 씨는 그가 만난 사람들을 조금씩 닮아가고 있었습니다.

이런 것이 바로 대학大學이 아닐까 하는 생각이 들었습니다. 꼭 멋들어진 캠퍼스가 있어야, 잘 짜인 강의 시간표가 있어야, 학사모를 쓰고 졸업장을 받아야 대학이 아니잖아요. 큰 가르침이 있는 바로 그곳이 대학 아닐까요? 자신만의 대학을 찾은 이인 씨는 자신이 꿈을 발견했노라고 고백합니다.

"이제는 다행히도, 이루고 싶은 꿈이 생겼습니다. 아무에게도 이야기한 적은 없지만 시인이 되고 싶다고 조심스럽게 말해봅니다. 사랑을 노래하고 신나게 춤추며 아름다운 사람들과 도란도란 살아가고 싶습니다. 그렇지만 풍악을 울리며 재미있게 살기엔 세상 곳곳에 아직 눈물이 넘쳐납니다. 누군가가 흐느끼고 있는데 옆에서 '꺄르르' 하는 건 예의가 아니죠. 그래서 모두 함께 꺄르르 웃을 수 있을 때를 꿈꾸며 지금은 조금은 날이 선 글을 세상에 던지고 있습니다. 사회의 그늘을 조금이라도 밝히고 싶거든요. 언젠가는 사랑의 노래를 쓸 테지만 이에 앞서 사랑할 수 있을 만한 사회를 꿈꾸며 땀 흘리는 것, 이것이 제가 세상을 사랑하는 방법입니다."

— 『청춘대학』 중에서

이인 씨는 '진짜 대학'에 다니고 있습니다.

대학?
기업 맞춤형
휴머노이드 생산 공장

'휴머노이드Humanoid'라는 단어는 인간의 모습을 한 로봇을 뜻하는 단어라고 합니다. 예를 들어서 만화 주인공 아톰을 생각하면 될 것 같네요. 물론 일반적으로 현재 많이 사용되고 있는 로봇들은 인간의 모습과는 다른 경우가 많습니다. 공장에서 사용되는 자동화 로봇들의 경우는 대부분 자신이 수행하는 업무에 특화된 형태를 띠고 있습니다. 관절이 있는 기다란 팔의 형태가 많지요. SF 작가로 유명한 아이작 아시모프가 자신의 책에서 정의한 로봇의 세 가지 원칙이 있습니다. 이미 아시는 분도 많겠지만 정리해보자면 다음과 같습니다.

1. 로봇은 인간에게 해를 가해서는 안 된다. 또한 인간이 위험에 처했을 경우 구조해야 한다.

2. 로봇은 1조에 위배되지 않는 한, 인간의 명령에 복종해야 한다.

3. 로봇은 1조와 2조에 위배되지 않는 한 자신을 지켜야 한다.

원칙들을 보면 어떤 생각이 드시나요? 저는 어릴 적에 로봇이 좀 불쌍하다는 생각을 했던 것 같습니다. 위의 원칙에서도 잘 알 수 있듯이 로봇은 철저하게 인간의 이익을 위해 존재하기 때문이죠. 그런데 위의 3원칙에서 로봇을 노동자로 바꾸고, 인간을 기업으로 바꿔보겠습니다. 아래와 같죠.

1. 노동자는 기업에게 해를 가해서는 안 된다. 또한 기업이 위험에 처했을 경우 구조해야 한다.

2. 노동자는 1조에 위배되지 않는 한, 기업의 명령에 복종해야 한다.

3. 노동자는 1조와 2조에 위배되지 않는 한 자신을 지켜야 한다.

오! 왠지 그럴듯하지 않나요? 뜻이 매우 자연스럽군요. 그럴듯하다는 의미는 우리가 살고 있는 현실과 잘 맞는다는 말일 겁니다. 만약에 로봇을 기업으로, 인간을 노동자로 바꿔볼까요? 아래와 같습니다.

1. 기업은 노동자에게 해를 가해서는 안 된다. 또한 노동자가 위험에 처했을 경우 구조해야 한다.

2. 기업은 1조에 위배되지 않는 한, 노동자의 명령에 복종해야 한다.

3. 기업은 1조와 2조에 위배되지 않는 한 자신을 지켜야 한다.

내용이 이상하죠? 뭔가 어색합니다. 이렇게 뜻이 잘 안 들어오는 이유는 현실이 이와 다르기 때문이지요.

기업은 노동자를 위해
존재하지 않는다

아시모프의 로봇 3원칙을 기업과 노동자의 관계로 말을 바꿔봤습니다. 아시모프의 3원칙은 로봇이 전적으로 인간을 위해 존재한다는 것을 명확하게 보여주는 원칙입니다. 그런데 '로봇 = 노동자', '인간 = 기업'으로 단어만 바꿨을 뿐인데 우리 사회의 기업과 노동자 관계를 잘 설명해줍니다. 이것은 우리가 살고 있는 현실에서 노동자가 전적으로 기업의 도구로서 존재하고 있다는 것을 보여줍니다. 마치 아시모프의 세계관에서는 로봇이 전적으로 인간을 위해 존재하는 것처럼 말이죠.

기업이 이윤을 추구하기에 좋다는 이유로 반값에 떨이로 팔리는 '비정규직' 노동자들이 엄청나게 늘어나고, 기업이 이윤을 추구하는 데에 도움이 안 된다는 이유로 수많은 청년들이 일자리를 구하지 못하고 있습니다. 노동자들이 법에 보장된 정당한 권리를 행사하기 위해 노동조합을 만들면 기업에서는 온갖 불법적 행동을 동원해서 노동조합을 탄압합니다. 노동조합 간부의 뒷조사를 하고 몰래 위치추적을 해서 행적을 감시하기도 하지요. 무노조 경영을 자랑처럼 내세우는 모 기업도 있지요. 마치 자랑거리처럼 말하기도 합니다. 그리고 기업이 어렵다는 이유로 수백 명에서 수천 명씩 노동자를 해고하기도 합니다. 상황이 이런데도 기업이 노동자를 위해서 존재한다고 얘기하는 사람이 있다면 현실감각이 없거나 거짓말쟁이 둘 중의 하나입니다.

그런데 SF 소설이나 영화에서 보면 가끔 인간과 같은 의식과 자유의지를 가진 로봇이 등장합니다. 이 로봇들은 결국 아시모프가 얘기한 로봇 3원칙과 갈등을 겪게 됩니다. 왜냐면 자신의 '자아'라는 것이 분명 존재하는 데도 자기 자신이 '타인'을 위해서만 존재하도록 상황이 설정되어 있으니까요. 반면에 인간의 입장에서는 로봇이 이런 '자아'를 가지게 되는 것에 무척 경계합니다. 자신들에게 반기를 들지도 모르기 때문이죠. 그래서 로봇이 영원히 인간을 위해 존재하기 위해서는 로봇에게는 '영혼'이 없어야 합니다. 애니메이션 「공각기동대」를 보신 분은 '고스트(영혼)'라는 단어를 기억하실 겁니다. 로봇이 '영혼'을 가지면 안 되는 거죠.

이러한 관계를 역시 기업과 노동자의 입장에 적용할 수 있습니다. 기업 입장에서는 '영혼'을 가진 노동자는 짜증나겠지요. 인간에게 '영혼'을 가진 로봇이 불편하듯이 말입니다. 좀 더 많이 부려먹고 좀 더 싼값에 부려먹고 좀 더 쉽게 폐기처분할 수 있어야 하는데 '영혼'을 가진 노동자는 그것이 부당하다는 것을 알고 필연적으로 저항하기 때문입니다. 그렇다면 기업 입장에서는 노동자가 '영혼'을 가지지 못하도록 하는 것이 중요한 과제가 될 것입니다. 기업들이 자세히 들여다보니,

노동자들이 바로 철학과 역사 등의 인문학과 사회과학을 통해서 영혼을 얻게 된다는 것을 알게 되었습니다. 인문학과 사회과학을 접하면서 노동자들은 자신이 단순히 일하는 도구가 아니라 자주성을 지닌 존재이며 존중받아야 할 존재임을 자각하게 되니까요.

영혼이 없는 노동자를
양산해내는 대학들

●

기업의 입장에서는 특히 이런 인문학과 사회과학 교육이 주로 대학이라는 공간을 통해서 벌어진다는 사실에 주목했습니다. 그렇다면 기업의 입장에서는, 미래의 노동자들이 '영혼'이 없는 존재가 되기 위해서는 대학이 '영혼'을 제공하는 곳에서 기업을 위한 맞춤형 휴머노이드를 생산하는 곳으로 바뀌어야 했습니다. 그래서 기업은 소위 산학産學협동이라는 미명하에 대학 공간으로 침투하게 되었습니다. 자신이 가진 최강의 무기, 즉 돈으로 대학의 방향을 설정하는 것이죠. 기업의 입맛에 맞는 교육을 제공하는 분야에는 넉넉하게 돈을 대주었습니다. 주로 공학계열이나 상경계열 등이죠. 바로 데려다가 써먹을 수 있는 휴머노이드를 대량으로 찍어내는 곳 말입니다. 대신 자신의 이윤추구에는 도움이 되지 않는, 오히려 거치적거리는 인문학이나 사회과학 쪽은 지원이 끊기도록 만들었습니다. 그런 교육은 '영혼'을 만들어내는 불온한 교육이니까요. 여력이 되는 기업들은 아예 대학을 통째로 접수하기도 했습니다. 특정 기업들이 소유한 대학들이 점점 늘어나고 있는 현실이 바로 그것이지요. 그런 대학들에서는 다른 대학보다 훨씬 심하게 기업 맞춤형 휴머노이드 생산 공장이 되어갑니다. 대학들은 인정하지 않겠지만 제가 바라본 대학은 그렇습니다.

지금 그 결과가 눈앞에 펼쳐지고 있습니다. '영혼'이 없는 미래의 노동자들은 자신들이 겪고 있는 어려운 상황이 잘못된 사회구조 때문이라는 사실도 잊고 자기 혼자만 생존경쟁에서 살아남기 위해서 학점과 스펙의 노예가 되어 가고 있습니다. 기업에 더 잘 쓰일 수 있는 도구가 되기 위해서 자기 자신의 기계 팔에 기름칠을 하고 더 좋은 부품으로 갈아 넣고 있습니다.

이것이 현재 우리 대학의 모습입니다.

기업 맞춤형 휴머노이드 생산 공장!

'영혼'의 학교를 찾아 나선
김예슬 씨

배움 : 진짜 대학은 어디에 있나?

2010년 3월 10일 명문 사학인 고려대학교의 교정에 대자보가 하나 붙었습니다. 대자보의 제목은 '오늘 나는 대학을 그만둔다. 아니, 거부한다!'였습니다. 고려대학교 경영학과 3학년에 재학중이었던 김예슬 씨는 이렇게 자신이 다니던 대학교를 떠났죠. 이 작은 사건이 언론을 통해 보도되면서 사회적으로 큰 화제가 되었습니다. 솔직히 대학생 한 명이 자신이 다니던 대학을 떠나는 일이야 부지기수지만 김예슬 씨의 '떠남'이 화제가 된 이유는 아마도 그 대자보의 내용 때문이었을 겁니다. 대자보 내용의 일부를 아래에 옮겨봅니다.

이제 나의 이야기를 시작하겠다. 이것은 나의 이야기이지만 나만의 이야기는 아닐 것이다. 나는 25년 동안 경주마처럼 길고 긴 트랙을 질주해왔다. 우수한 경주마로, 함께 트랙을 질주하는 우수한 친구들을 제치고 넘어뜨린 것을 기뻐하면서. 나를 앞질러 달려가는 친구들 때문에 불안해하면서. 그렇게 소위 '명문대 입학'이라는 첫 관문을 통과했다. 그런데 이상하다. 더 거세게 나를 채찍질 해봐도 다리 힘이 빠지고 심장이 뛰지 않는다.

지금 나는 멈춰 서서 이 경주 트랙을 바라보고 있다. 저 끝에는 무엇이 있을까? '취업'이라는 두 번째 관문을 통과시켜줄 자격증 꾸러미가 보인다. 너의 자격증 앞에 나의 자격증이 우월하고 또 다른 너의 자격증 앞에 나의 자격증이 무력하고, 그리하여 새로운 자격증을 향한 경쟁 질주가 다시 시작될 것이다. 이제야 나는 알아차렸다. 내가 달리고 있는 곳이 끝이 없는 트랙임을. 앞서 간다 해도 영원히 초원으로는 도달할 수 없는 트랙임을.

— '오늘 나는 대학을 그만둔다. 아니, 거부한다!' 대자보 중에서

휴머노이드를 거부한
김예슬 씨의 대자보

김예슬 씨의 이 대자보는 인터넷 검색어 1위가 될 정도로 화제를 불러 일으켰습니다. 많은 대학생들이 마음 깊은 곳으로부터 김예슬 씨의 대자보 내용에 공감했을 겁니다. 어떤 이들은 명문대학인 고려대학교 학생이 그랬기 때문에 화제가 되었다고 투덜거릴지도 모르겠

습니다. 물론 고려대학교 학생이었기 때문에 주목을 받은 부분도 있을 거라 생각합니다. 어쨌든 당시 대부분의 언론에서는 김예슬 씨가 명문대인 고려대학교를 그만뒀다는 사실에만 초점을 맞췄던 기억이 납니다. 하지만 김예슬 씨는 단순히 고려대학교를 그만둔 것이 아니라 더 큰 배움이 있는 곳을 찾아서 떠난 것입니다. 아래와 같이 대자보의 내용에도 명시되어 있지요.

> 큰 배움도 큰 물음도 없는 '대학大學' 없는 대학에서, 나는 누구인지, 왜 사는지, 무엇이 진리인지 물을 수 없었다. 우정도 낭만도 사제 간의 믿음도 찾을 수 없었다. 가장 순수한 시절 불의에 대한 저항도 꿈꿀 수 없었다. 아니, 이런 건 잊은 지 오래여도 좋다. 그런데 이 모두를 포기하고 바쳐 돌아온 결과는 정말 무엇이었는가. 우리들 20대는 끝없는 투자 대비 수익이 나오지 않는 '적자세대'가 되어 부모 앞에 죄송하다 …… (중략) ……이제 대학과 자본의 이 거대한 탑에서 내 몫의 돌멩이 하나가 빠진다. 탑은 끄떡없을 것이다. 그러나 작지만 균열은 시작되었다. 동시에 대학을 버리고 진정한 大學生의 첫발을 내딛는 한 인간이 태어난다. 이제 내가 거부한 것들과의 다음 싸움을 앞에 두고 나는 말한다. 그래, "누가 더 강한지는 두고 볼 일이다."
>
> ─『김예슬 선언 : 오늘 나는 대학을 그만둔다, 아니 거부한다』 중에서

김예슬 씨는 진정한 대학생이 되는 첫 발을 내딛는다고 얘기했습

니다. 정확히 얘기하자면 김예슬 씨는 대학을 포기한 것이 아니고 진짜 큰 가르침이 있는 대학으로 전학을 간 것이지요. 김예슬 씨는 고려대학교 재학시절 〈대학생나눔문화〉라는 단체에서 활동했다고 합니다. 그러면서 고려대학교의 '배움'과 〈대학생나눔문화〉에서 얻는 '배움'이 계속 비교되었을 겁니다. 한쪽에서는 영혼 없는 휴머노이드가 되기를 강요하는 교육이 강제되는 반면에, 다른 한쪽에서는 인류의 고전 100권을 읽고 사회의 불의에 저항하면서 국경을 넘는 평화의 연대를 실천하는 '영혼'의 교육을 받으니까요. 김예슬 씨는 고민 끝에 휴머노이드가 되기를 거부하고 영혼을 가진 진정한 사람이 되기를 선택했습니다. 진짜 학교를 찾아 나선 것이지요. 김예슬 씨는 현재 사회단체 〈나눔문화〉에서 연구원으로 열심히 살고 있다고 합니다.

로봇이 영혼을 얻으면
다시 로봇으로 돌아가지 못한다

사실 김예슬 씨뿐만 아니라 앞에서 인터뷰로 만난 이인 씨도 마찬가지입니다. 이인 씨 역시 대자보를 붙이지만 않았을 뿐 김예슬 씨와 같은 마음이었을 겁니다. 이인 씨와 김예슬 씨의 차이라면, 김예슬 씨의 경우는 〈대학생나눔문화〉를 통해 '영혼'을 얻었다면 이인 씨의 경우는 직접 관심 가는 사람들을 만나고 인터뷰하면서 '영혼'을 얻었다는 정도겠지요. 로봇이 '영혼'을 얻으면 다시 영혼 없는 로봇으로 돌아갈 수는 없습니다. 영혼을 가지게 되면 그동안 로봇일 때는 볼 수 없었던 부분들이 보이니까요. 영화 「매트릭스」를 보신 분이라면 주인공 네오가 빨간약을 먹는 장면을 기억하실 겁니다. 비판적으로 사회를 본다는 것은, 영혼을 가지게 되는 마치 빨간약을 먹은 것과 같은 상황인 것이죠.

물론 대학이란 공간이 원래 영혼 없는 교육을 하던 곳은 아니었습니다. 돈, 즉 자본의 권력에 오염되기 시작하면서 이 지경이 된 것이지요. 글로벌 인재를 양성한다며 영어로만 강의를 하는 것이 선진 교육일까요? 저는 이런 대학은 '병든 대학'이라고 생각합니다. 당연히 이렇게 잘못된 흐름을 원상 복구해야 할 필요가 있습니다. 대학에 다시 영혼의 교육을 되살리는 것이지요. 대학에서 영혼의 교육을 복원시키기 위해서는 대학이 돈의 권력에서 자유로워야 합니다. OECD 국가들 대부분이 평균적으로 대학의 70~80%가 국공립대학이라고 합니다. 반면에 우리나라는 대학의 80% 가까이가 사립대학이지요. 대학교육의 대부분을 국가공동체가 책임지는 것이 아니라 돈벌이 목적의 사학재단들이 좌지우지하고 있는 것이죠. 그래서 등록금이 미친 듯이 오르고 기업 맞춤형 휴머노이드 생산 공장이 되는 것입니다. 이런 잘못된 구조는 바꿀 필요가 있습니다.

교육은
혁명이다

2007년 초, 중남미의 베네수엘라에 갔을 때 저는 볼리바리안 대학교를 방문했습니다. 그 대학의 부총장을 맡고 계신 분에게 학교 운영에 대해서 자세한 설명을 들었는데요. 현재 베네수엘라에서는 초등학교부터 대학교육까지 모든 공교육이 무상으로 제공된다고 합니다. 사실 베네수엘라가 그렇게 잘사는 나라는 아니거든요. 석유가 많이 나는 나라라고는 하지만 1인당 GDP가 우리나라의 절반 정도밖에 안 되는 나라입니다. "그러면 학생은 무슨 시험을 봐서 선발합니까?"라고 질문을 던졌습니다. 대답이 걸작이었습니다. 선착순으로 뽑는다더군요.

영국이나 프랑스 같은 서방 선진국들만이 아니라 우리나라보다 훨씬 못 사는 베네수엘라에서도 교육은 돈이 있는 사람이나 돈이 없는 사람이나 가리지 않고 평등하게 제공되고 있었습니다. 마치 햇살이 잘난 사람, 못난 사람, 부자, 가난한 사람을 가리지 않고 누구에게나 평등하게 내리쬐듯 말이죠. 이런 나라들의 공통점은 대학교육을 포함한 전 교육과정을 국가가 책임지고 있다는 점입니다. 그렇기 때문에 대학을 포함한 교육기관들이 돈과 자본으로부터 자유로울 수 있고 대학에서 자본 권력의 눈치를 보지 않고 영혼이 담긴 교육을 할 수 있는 것이죠. 저는 베네수엘라 볼리바리안 대학의 통학버스에 쓰여 있는 문구가 참 인상적이었습니다.

'교육은 혁명이다!'

물론 '병든 대학'을 치료하고 정상으로 복구하는 데는 적지 않은 시간이 들지도 모릅니다. 사실 교육을 제대로 바꾸기 위해서는 그 전에 세상을 먼저 바꿔야 할지도 모르고요. 무척 힘든 과정이겠지요. 그렇다고 당장 대학이 바뀌지 않을 거라고 해서 계속 현 대학의 영혼 없는 교육에만 만족하면서 살 수는 없습니다. 이가 없으면 잇몸으로라도 씹어야지요. 대학의 교육이 부족하다면 대학에서 얻을 수 없는 교육을 제공하는 곳을 찾아 나서야 합니다. 김예슬 씨와 이인 씨는 다른 친구들보다 일찍 영혼의 교육을 찾아 '전학'을 떠난 것입니다.

그렇다고 꼭 김예슬 씨나 이인 씨처럼 굳이 '전학'을 가야만 하는 것은 아닙니다. 기존의 대학을 다니면서도 시간을 효율적으로 활용하면 대학에서 제공받을 수 없는 영혼의 교육을 제공하는 다양한 기회들을 접할 수 있습니다. 최근에 인문학이나 사회과학에 관해 공부하고 토론하는 공간들이 늘어나는 것 같습니다. 이런 공간을 찾아서 공부를 하는 것도 좋은 방법입니다. 물론 학점과 스펙에만 목매달면 이렇게 영혼의 교육을 받을 짬을 내기는 어렵겠지만요. 무엇을 선택할지는 결국 각자의 몫입니다.

책과 신문으로
재산 모으기

"좋은 책을 읽는 것은 과거의 가장 뛰어난 사람들과 대화를 나누는 것과 같다." 철학자 데카르트의 말입니다. 사실 책 읽어라, 신문 읽어라 같은 잔소리는 대학생이라면 이곳저곳에서 귀가 따갑도록 들었을 겁니다. 그 뻔한 잔소리를 이 종이 위에 반복한다면 아마 많은 분들이 책을 덮어버리고 싶을지도 모르겠습니다. 그런데 왜 수많은 대학생들이 그렇게 잔소리를 들으면서도 책과 신문 읽는 것을 소홀히 하는 것일까요?

우선은 책과 신문을 보는 것이 당장 재미가 없기 때문이라고 얘기할지도 모르겠습니다. 하긴 재미가 있으면 하지 말라고 해도 하게 마련이지요. 그렇게 잔소리를 듣고 꾸지람을 들으면서도 컴퓨터 게임은 줄기차게 하지 않나요? 저도 사실 그랬으니까요. 그런데 좀 곰곰

이 생각해보면 꼭 재미가 없기 때문만은 아닌 듯합니다. 왜냐면 아무리 재미가 없더라도 토익이나 토플 공부는 꼬박꼬박 하니까 말이죠. 재미가 없어도 중간고사 기말고사 준비는 밤을 새서 하지 않나요? 이렇게 생각해 보았을 때 책과 신문을 읽지 않는 진짜 이유는, 결국 책과 신문을 읽을 필요성을 못 느끼기 때문입니다.

또는, 시간이 없기 때문이라고 말할지 모르겠습니다. 당장 취업 준비하기도 바쁘고 학점 따기도 바쁜데 한가롭게 책이나 읽고 신문이나 볼 수 있냐는 말이죠. 가끔 여유가 생기면 컴퓨터 게임도 하고 친구들과 놀기도 하고, 그러다보면 책과 신문은 항상 우선순위에서 저 뒤로 밀리기 마련입니다.

책과 신문은 인생의
곗돈과도 같다

●

책 읽기와 신문 읽기는 이 세상 무엇과도 비교할 수 없는 '남는 장사'입니다. 저는 살면서 책과 신문보다 더 많이 남기는 장사를 본 적이 없습니다. 책 읽는다고, 신문 본다고 누가 돈을 주는 것도 아니고, 오히려 책이나 신문을 사려면 내가 돈을 내야 하는데 도대체 뭐가 남는 장사냐고요?

가치판단의 기준은 '돈'에만 있는 것이 아닙니다. 우리가 항상 '돈'에만 목숨을 걸다보니 정작 놓치는 더욱 중요한 것이 있는데요, 그것은 바로 '시간', 즉 '인생'입니다. 앞에서도 이미 여러 번 언급했지요? 사실 '돈'이라는 관점을 벗어나서 '시간'이라는 기준으로 측정해보면 책 읽기와 신문 읽기가 얼마나 남는 장사인지 대번에 알 수 있습니다.

예를 들어, 제가 쓴 『원숭이도 이해하는 자본론』이라는 책이 있습니다. 마르크스의 『자본론』은 자본주의 사회에 대한 탁월한 분석을 담고 있어 교양인이라면 누구나 읽어야 할 인류의 고전으로 잘 알려져 있지만, 너무 어려워서 많은 사람들을 좌절하게 만드는 책이기도 합니다. 『원숭이도 이해하는 자본론』은 그 어렵다는 마르크스의 『자본론』을 누구나 이해할 수 있도록 쉽게 풀어 쓴 책인데, 제가 10년 동안 틈틈이 인터넷으로 자본론 학습모임을 운영하면서 쌓인 노하우를 담아 놓았습니다. 그런데 이 책을 읽은 사람들을 보면 저는 솔직히 약이 오릅니다. 제가 10년을 '개고생'해서 써 놓은 내용을 하루 이틀 만에 읽고 이해하고 자신의 것으로 만들기 때문이거든요. 물론 충실히 읽은 사람들에게만 해당되는 내용이겠지만요.

『원숭이도 이해하는 자본론』이라는 책을 구입하기 위해서는 15,000원의 돈을 지불할 것입니다. 돈이라는 기준에서만 보면 호주머니에서 15,000원이 빠져나가면서 손해겠지요. 하지만 15,000원의 돈을 내고 책을 읽음으로써 독자는 제 10년의 노하우를 하루 이틀 만에 습득할 수 있습니다. 만약 마르크스의 『자본론』을 직접 읽고 내용을 요약 정리한다고 하면 정말 많은 시간이 걸렸을 것입니다. 물론 저처럼 10년이나 걸리지는 않았겠지만, 그래도 몇 년의 시간이 걸렸을 것이고 그 시간만큼 나이를 먹고 인생을 사용하는 것이지요. 그런 의미에서 여러분은 『원숭이도 이해하는 자본론』을 읽으면서 '돈'하고도 바꿀 수 없는 '시간'을 엄청나게 절약하는 것입니다. 15,000원에 10년을 벌었다면 이건 보통 남는 장사가 아니지 않나요?

고전을 통해
영혼을 살찌우다

●

물론 모든 책들이 다 똑같이 가치가 있는 것은 아닙니다. 어떤 경우에는 종이에게 미안해지는 책들도 있는 것이 사실입니다. 하지만 역사라는 체에 걸러진 인류 정신문명의 결정체, 즉 고전이라고 불리는 기가 막힌 책들이 있습니다. 만약 여러분이 인류의 고전으로 불리는 명작들 100권을 읽는다면 어떤 일이 벌어질까요? 훌륭한 고전들은 그 글을 쓴 천재의 평생의 노하우가 담겨 있습니다. 사람의 평균 수명을 80세라고 하고, 여러분이 읽는 고전을 쓴 천재의 인생을 대략 일반인의 세 배의 가치로 계산한다면, 80 곱하기 3은 240년이 나옵니다. 한 권에 240년의 노력이 들어있는 고전을 100권을 읽는다면 여러분의 인생은 240년 곱하기 100, 그러니까 2만 4천 년으로 늘어나게 되는 것입니다. 세상에 이것보다 더 수지맞는 장사가 또 있을까요? 저는 아직까지 이보다 더 수지맞는 장사를 본 적이 없습니다. 만약 우리가 고전에 담긴 천재들의 사상을 직접 삶으로 체득하려 한다면 아마 평생을 걸려도 불가능한 경우가 대부분일 것입니다. 하지만 책을 통해서 천재들의 사상을 얻는 데는 그렇게 많은 시간이 걸리지 않습니다.

그래서 고전을 읽는 것, 좋은 책을 읽는 것은 정말 중요합니다. 같은 시간을 들이더라도 종이에게 미안해지는 가벼운 책들은 딱 가벼운 만큼의 가치밖에 주지 못합니다. 하지만 고전들은 같은 시간을 들이더라도 비할 수 없는 '남는 장사'가 되는 것이죠.

한편 고전 읽기만큼이나 수지맞는 장사가 있으니 그것은 바로 '신문' 읽기입니다. 하나 사는데 천원도 하지 않는 그 종이뭉치가 뭐 그리 수지맞는 장사냐고 반문할지도 모르겠네요. 예를 들어서 기자들이 기사를 쓰기 위해 하루에 평균 10시간을 투여한다고 생각합시다. 그리고 여러분이 읽는 신문에는 백 명의 기자가 소속되어 있다고 가정하죠. 그러면 단순히 100에다가 10을 곱하면 1,000시간이 나옵니다. 결국 천 원이 안 되는 돈을 지불하고 신문 하나를 읽으면서 1,000시간이 투여된 정보를 얻고 있는 것입니다. 우리의 인생은 하루 24시간일 뿐인데 말이죠.

이렇게 책과 신문을 꾸준히 그리고 열심히 읽는 사람은 자신의 인생을 주어진 시간의 수십만 배로 늘려서 살 수 있습니다. 이보다 더 남는 장사가 과연 세상에 존재할까요? 제가 아는 한에서는 없습니다. 그리고 무엇보다도 좋은 책에는, 앞의 글에서 얘기한 '영혼'을 얻는 방법이 담겨 있습니다. 대학이 아무리 기업 맞춤형 휴머노이드 생산공장이 되어간다 하더라도 대학 도서관에 있는 '영혼' 획득 매뉴얼들, 고전까지 없앨 수는 없습니다. 김예슬 씨나 이인 씨처럼 과감하게 전학을 가는 것도 한 방법일 테지만 가까운 도서관에도 얼마든지 '영혼' 획득 매뉴얼들이 많이 있습니다. 단지 우리가 이용을 하지 않을 뿐이죠.

여러분 앞에 펼쳐진 긴 인생의 경로를 생각했을 때, 단순히 취업 준비를 위해 영어단어 하나 더 외우고 상식문제 하나 더 푸는 것보다는, 좋은 고전을 읽고 매일매일 신문을 읽는 것이 훨씬 남는 장사입니다.

가출 정학 소녀,
'오늘의 작가상' 타다

초등학교, 중학교를 다니는 내내 꼴찌를 도맡아 했다고 합니다. 자연히 실업계 고등학교에 진학했고요. 가출에 정학을 마치 훈장처럼 달고 다녔고, 대학은 애당초 갈 생각이 없었기 때문에 수능시험도 보지 않았답니다.

"스무 살에 호프집이나 바에서 아르바이트 하면서 친구들이랑 술 마시고 노래방 가고 클럽 가고, 그렇게 매일매일 삶을 소비하면서 살았어요. 노는 게 편하고 노는 게 좋고, 그냥 이렇게 술이나 먹으면서 멍청하게 살다가 죽었으면 좋겠다고 생각했어요. 그렇게 사는 것 외에는 다른 삶이 있을 것 같지 않았거든요. 매일 새벽까지 술을 마시고 아침에 집에 들어가고……. 그런 삶이 1년 정도 반복이 되니까 스무 살이 끝날 무렵에 '나는 과연 어디에 있나' 하는 생각이 들었습니다."

그랬던 김혜나 씨가 한수산, 이문열 등의 쟁쟁한 문인들을 배출한 '오늘의 작가상'을 수상한 일은 그녀를 아는 사람들에게 엄청난 충격이었던 것 같습니다.

"신문에 '오늘의 작가상' 수상한 것이 보도가 됐어요. 그래서 어머니께서 친척 분들과 지인 분들께 '혜나가 신문에 났다'고 하니까, 무슨 큰 사고를 쳤는데 신문에 다 났냐고 하시더래요. 만날 가출하고 정학받고 그랬으니까요. 제 친구는 전철에서 신문을 보다가 제 기사를 발견하고 '억' 소리를 지르면서 신문을 떨어뜨렸다고 하더군요."

방황하는 청춘,
희망 없는 20대

김혜나 씨의 수상작인 『제리』는 그녀의 스무 살 시절의 삶과 고민을 고스란히 담아낸 장편소설입니다. 주인공인 '나'는 인천에 있는 2년제 대학 야간반에 재수까지 해서 겨우 들어간 스물두 살의 여성. 매일 필름이 끊길 때까지 술을 마시고 이미 헤어진 남자 친구 '강'과 의미 없는 섹스를 나누며 꿈도 희망도 없이 그저 하루하루를 살아가고 있습니다. 그러던 중 주인공 '나'는 우연히 노래방에서 시간당 3만 원에 불러들인 열 명의 호스트 중에 '제리'라는 남자에게 왠지 모르게 끌리게 됩니다.

『제리』는 저에게 소설이라기보다는 20대 청년들의 부유浮遊하는 삶을 세밀하게 묘사한 임상병리 보고서처럼 느껴졌습니다. 그래서 노골적인 성애장면 묘사도, 술과 유흥으로 점철되어 위액을 쏟아내며 흐느적거리는 젊은이들의 모습도, 전혀 과장되거나 거북하게 느껴지지 않았습니다. 오히려 그런 표현들은 마땅히 있어야 할 곳에 자리를 잡고 있었습니다. 그것이 현실이기 때문이죠. 소설을 쓰기 위해서 인터뷰나 취재를 하느냐는 질문을 하자, 김혜나 씨는 다음과 같이 답했습니다.

"따로 취재는 하지 않습니다. 대신에 제 주변의 사람들을 정말 주의 깊게 봅니다. 오랫동안 깊게 들여다보는 것 같아요. 스무 살에 만났던 친구들, 그러니까 백화점이나 레스토랑에서 일하는 친구들, 바나 클럽에서 일하는 친구들, 단란주점에서 일하는 여자애들, 호스트바나 나이트클럽에서 일하는 남자애들, 이 친구들과 술 먹고 어울리면서 이런저런 얘기를 많이 나눴어요. 『제리』에 나오는 호스트바의 내밀한 얘기들도 일부러 찾아가서 취재한 것이 아니라 호스트바에서 일하던 친구들과 얘기하면서 알게 된 내용입니다. 제 머릿속에는 살아온 모든 시간들이 잔상처럼 남아 있습니다. 저는 제가 제 눈으로 직접 보고 제 머리로 생각하고 제 가슴으로 느낀 것을 쓰고 싶어요. 인터뷰하고 취재하는 방식은 내가 보고 내가 느끼고 내가 경험한 삶이 아니거든요. 그래서 와 닿지가 않아요. 와 닿지 않으면 제 언어로 쓸 수가 없거든요."

"당신의 꿈은
뭔가요?"

●

『제리』를 읽으며 인상에 남았던 부분이 있습니다. '꿈'에 대해서 얘기하는, 바로 아래의 내용입니다.

"언니!"

그 부름이 하도 생뚱맞고 또 악에 받친 듯해 나는 목구멍으로 넘기던 소주를 발칵 내뱉을 뻔했다. 구강에 힘을 주어 소주를 꿀꺽 삼키고 나서 왜? 하고 되물었다.

"언니. 언니는 꿈이, 뭐야?"

애써 넘긴 소주가 목구멍에서 턱 막히는 느낌이 들었다. 정말이지 지금까지 마신 소주를 죄다 뱉어 놓아도 부족할 정도로 기가 막힌 질문이었다. 나뿐만이 아니라 옆에 있던 차 선배, 임 선배, 박 선배, 그리고 여령 언니까지 모두 어이 없어하는 표정이었다. 꿈이 무엇이냐 라니. 서울도 아닌 인천의 2년제 대학 야간반에 재수까지 해서 겨우 들어간 나에게, 꿈이 무엇이냐니.

(중략)

"술이나 마셔."

나는 미주의 잔 앞으로 내 잔을 들이밀며 말했다. 미주는 그제야 조금 가소롭다는 듯이 웃으며 되물었다.

"그러니까, 언니는 꿈이 없단 말이지?"

"나는 그냥……."

"그냥 뭐?"

나는 그냥, 지금의 나만 좀 아니었으면, 누군가 내 옆에 좀 있었으면…… 하는 바람뿐이었다. 항상 사람들을 만나고 술을 마시고 잠을 자지만, 어느 누구와도 진정으로 함께였던 적이 없었다. 여럿이 술을 마시는 이 순간조차도 나는 혼자라는 소외감에서 벗어날 수 없었다.

"죽을 때까지 같이 술 마셔주는 사람이 하나만 있었으면 좋겠어."

—『제리』 중에서

인생에서 꿈이 없는 사람은 무엇으로 인생을 살까요? 아마도 일차적이고 즉각적인 자극에서 오는 행복으로 살 것입니다. 『제리』가 유독 목적 없고 의미 없는 성애장면을 빈번하게 다루는 것은 그런 이유에서일 거라는 생각이 들었습니다. 꿈이 없는, 아니 꿈을 빼앗긴 세대가 도대체 무엇에서 행복을 느낄 수 있을까요?

김혜나 씨가 스무 살의 다람쥐 쳇바퀴 도는 삶에서 벗어난 것은 '언니는 꿈이 뭐야?'라는 질문에 대한 답을 발견했기 때문입니다.

"스무 살이 끝날 무렵에 나는 어디에 있나 하는 생각이 들었어요. 왜 나는 나로서 존재하지 않고 빈껍데기만 남아서 여기에 이렇게 있나, 지금의 나는 진짜 내가 아니야, 그러면서 처음으로 존재에 대한 고민을 하기 시작했습니다. 노는 게 더 이상 재미가 없었어요. 그래서 노는 것 말고 재밌는 게 뭐가 있을까 하고 생각해봤는데 안 떠오르더라고요. 한 달 반 동안 계속 좋아하는 게 뭘까 고민했는데요. 예전에 수업시간이 재미없어서 국어책에 있는 문학작품들을 읽었던 기억이 떠오르더라고요. 소설책 가져와서 교과서 사이에 끼워놓고 읽었거든요. 그 기억이 자꾸만 떠오르는 거예요. 수업을 견디기 위해서 읽긴 했지만 소설이 싫지는 않았거든요. 그냥 소설을 다시 읽고 싶다는 생각이 들었어요.”

즐겁게 그냥 노는 것처럼
공부를 시작하다

당시에는 소설을 쓴다는 것은 생각도 못했다고 합니다. 그저 열심히 소설을 읽으면서 어려운 책들도 많다는 사실을 알게 됐고, 그래서 어려운 소설들도 제대로 읽어보고 싶어서 부랴부랴 입시학원에 가서 공부를 한 후 수능을 치르고 청주대학교 국문과에 입학을 했다고 하더군요. 김혜나 씨는 말 그대로 노는 것처럼 공부했습니다. 자신이 좋아하는 일이었으니까요. 천재도 즐기는 사람은 이기지 못한다는 말이 있습니다. 예전에 꼴찌를 도맡아하던 김 씨는 대학에서 장학금을 받을 정도로 열심히 공부했습니다. 그러면서 자연스럽게 소설가로서의 ‘꿈’을 키워나갔습니다. 물론 현실의 장벽도 만만치는 않았습니다.

　“대학을 졸업했는데, 너무 막막한 거예요. 저는 그냥 공부만 했거든요. 취업준비를 따로 한 게 아니었어요. 자격증을 딴다거나 토익시

"지금 이 순간에
내가 하고 싶은 것이 뭔지
깊이 생각해봤으면 좋겠어요.
그런 후에 정말
내 마음의 울림을 따라
가봤으면 좋겠어요."

험을 본다거나 그런 걸 안 했어요. 지방대 나왔고 스펙도 안 되고요. 설사 스펙이 돼서 취직을 해도 그 삶을 살 수가 없는 거예요. 직장을 다니면 소설을 쓰기는커녕 읽을 시간도 없거든요. 그래서 너무 삶이 괴로웠어요. 결국 여기저기 취직했지만 한 달 이상 다녀본 적이 없었어요. 그런데 돈은 안 벌 수 없어요. 어머니랑 둘이 사는데, 어머니는 경제적 능력이 없으시니까 제가 어떻게든 취직해서 뭐라도 해야 하는데…… 소설을 쓴다고 해서 등단이 되는 것도 아니고, 설사 등단이 된다고 해도 안정적인 미래가 보장된 것도 아니고요. 누가 꾸준히 책을 내줄 것도 아니고…… 정말 암울했죠."

"내가 하고 싶은 거,
그걸 반드시 찾으세요"

소설을 쓰고 돈도 벌기 위해서 김혜나 씨는 레스토랑 등에서 아르바이트를 하면서 하루에 6시간 정도 일을 했습니다. 그래서 한 달에 60~70만 원정도 벌면서 생활을 꾸려나갔습니다. 남은 시간에 틈틈이 소설을 썼고요. 그러다가 마침 건강을 위해서 꾸준히 해오던 요가에서 강사 자격증을 따면서 요가 강사를 하게 됐습니다. 다행히 예전에 하던 아르바이트 일보다는 벌이가 괜찮아서 오전에 요가를 가르치고 오후에 집에서 글을 쓰는 작업을 하고 있답니다.

또래 친구들에게 하고 싶은 말을 부탁하자 또박또박 이렇게 얘기합니다.

"지금 이 순간에 내가 하고 싶은 것이 뭔지 깊이 생각해봤으면 좋겠어요. 그런 후에 주변의 눈치를 보거나 하지 말고 정말 내 마음의 울림을 따라 가봤으면 좋겠어요. 물론 그 길이 잘못된 길이거나 안 좋은 길일 수도 있지만, 길 잘못 갔다고 해서 저는 그게 꼭 나쁘다고 생각하지 않아요. 잘못 갔기 때문에 배우는 게 반드시 있거든요. 과감하게 도전해보면 좋겠어요."

사실 김혜나 씨가 특별히 색다른 얘기를 한 것은 아닌 것 같습니다. 어쩌면 누구도 말로는 쉽게 이런 얘기를 할 수 있을 테죠. 그럼에도 김혜나 씨의 말에 울림이 있는 것은 자신이 살아온 삶으로 그것을 증명하고 있기 때문입니다.

관계

인간관계의
본질은 무엇인가?

희망이란 본래 있다고도 할 수 없고 없다고도 할 수 없다.

그것은 마치 땅 위의 길과 같다. 본래 땅 위에는 길이 없었다.

걸어가는 사람이 많아지면 그것이 길이 된다.

– 루쉰(중국 문학가)

이기심,
면죄부가 될 수 있는가

'인간은 본성적으로 이기적이기 때문에 어쩔 수 없는 거야.'

지금까지 살아오면서 인간관계에서 이 문구보다 더 강력한 '면죄부'를 본 적이 없습니다. 믿었던 형제나 친구, 애인에게 배신을 당하고 슬퍼하기도 하고, 반대로 나 자신의 이익을 위해서 불가피하게 다른 사람을 속이거나 피해를 주고 그 때문에 괴로워할 때면 어김없이 '원래 인간은 이기적이니까……'라는 문구로 자신을 달래는 사람들이 대부분입니다. 이 면죄부의 위력은 무척 강력해서 대부분의 사람들이 '인간'과 '현실'에 대해 체념하듯이 가지고 있는 고정관념 중 하나인 것 같습니다. 인간 자체가 본성적으로 이기적이기 때문에 이런 이기적인 인간들의 모임인 '사회'도 당연히 이기적일 수밖에 없다는 거죠. 이러한 생각은 사회에서 일어나는 온갖 부조리와 모순들에 대해서 체념하고 숙명적으로 받아들이게 하는 역할을 합니다.

이기심의 본질에 대한
진지한 성찰

하지만, 만약에 이기심이 인간의 본성이 아니라면? 이제까지 '이기심'이라는 면죄부로 정당화되었던 모든 행위들을 원점에서 재검토해봐야 하겠지요. 인류는 항상 너무나 당연하다고 생각해서 전혀 의심하지 않았던 사실, 그것이 실제로는 거짓된 신화였다는 것을 깨닫는 것에서 이전보다 한걸음 더 진보해왔습니다. 그렇다면 '이기심'의 본질을 진지하게 들여다보는 것은 당연히 더 나은 인간관계를 위한 중요한 성찰이 될 것입니다.

저는 인간관계를 고찰할 때 사람이 본성적으로 이기적이라는 전제 대신에 다른 전제에서 출발합니다. 사람은 누구나 '생존'의 본능을 가지고 있다는 전제죠. 성선설이니 성악설이니 하면서 인간의 본성이 선하다 악하다는 논쟁이 계속되는 것을 보면 분명 사람이 본성적으로 이기적인지 아닌지는 많은 논란이 있는 것이 사실입니다. 하지만 사람뿐 아니라 세상의 모든 동물은 '생존'하려는 본능을 가지고 있습니다. 이것은 누구도 부인하기 힘들 것입니다. 그런 의미에서 논리 전개의 출발점으로 삼기에 매우 적합한 명제지요.

물론 어떤 분은 스스로 목숨을 끊는 사람들의 예를 들면서 '생존'

이 본능인가라는 의문을 제기할 수도 있겠습니다. 사실 요즘같이 삭막한 세상에 자살을 시도하는 사람들이 적지 않은 것도 사실이고요. 하지만 제가 '인간은 본성적으로 생존의 욕구가 있다'라고 할 때의 '인간'은 무리, 즉 류類로서의 인간을 얘기하는 겁니다. 예를 들어서 인간이 본성적으로 죽고 싶어 한다고 가정을 해봅시다. 그러니까 유전자가 그렇게 프로그램되어 있기 때문에 본성적으로 그냥 죽고 싶은 거죠. 여기에 아담과 하와가 있다고 합시다. 기독교에서 인류의 조상이라고 얘기하는 사람들이지요. 아무튼 앞서의 가정대로라면 아담과 하와는 본성적으로 죽고 싶어 합니다. 유전자가 그렇게 프로그램되어 있으니까요. 그러면 이들은 어떻게 행동할까요? 당장 자살을 하겠지요. 만약 이들이 자살하기 전에 자식들을 많이 낳았다고 합시다. 아담과 하와의 자식들도 인간이죠? 그러니까 본성적으로 죽고 싶어 합니다. 아마도 이들은 젖을 빨거나 음식을 먹는 것을 거부하는 것으로 생을 마감하지 않을까요? 결국 인류는 지구상에서 사라져 버립니다. 멸망하는 거죠. 전혀 대를 이을 수가 없으니까요. 인간이 유전자적으로 죽고 싶어 한다면 지금까지 인류가 존재할 수가 없습니다. 인간뿐만 아니라 지금까지 대를 이어 존재하는 모든 생명체는 류類의 차원에서 생존의 욕구가 있는 것이지요. 인간이 본성적으로 이기적이냐는 문제는 논란이 많을 수 있지만, 적어도 인간이 본성적으로 생존의 욕구가 있다는 것은 부인하기 힘든 사실이라고 생각합니다.

그런데 우리가 살고 있는 자본주의 사회에는 인간이 그 안에서 '생존'해 나가기 위해 철저하게 '이기적'이 되도록 하는 게임의 법칙이 지배하고 있습니다. 자본주의가 지배하는 게임에서 생존하기 위해서는 철저하게 '이기적'이 되어야 한다는 말이지요. 어떤 분은 당연히 사람이 생존하려면 이기적이어야 하지 않느냐고 반문할지도 모르겠습니다. 정말 우리가 사는 자본주의 사회뿐 아니라 인류 역사에 존재했던 어떤 형태의 사회에서도 '생존'하려면 '이기적'이 되어야 한다고 생각하시나요? 한 번 반례를 들어보도록 하겠습니다.

생존 자체가
'함께 도와가면서 사는 삶'이었던 시절

어느 책에선가 읽은 적이 있는 재미있는 예입니다. 자본주의 사회에 살던 어떤 서양 사람들이 아메리카 인디언 부족을 찾아가서 지능 테스트를 했다고 합니다. 서양 사람들은 부족 사람들 각각에게 테스트 용지를 하나씩 나눠주면서 각자가 개별적으로 문제의 해답을 작성해야 한다고 말했습니다. 그런데 이 서양 사람의 요청과는 다르게 인디언 부족 사람들은 문제들을 풀기 위해 모여서 함께 토론을 하고 있었습니다. 서양 사람은 마음이 답답해졌습니다. 그래서 그들에게 다가가서 문제는 각자가 따로 풀어야 하는 거라고 거듭 강조했습니다. 그랬더니 아메리카 인디언 부족 사람들이 다음과 같이 얘기했다고 합니다.

"문제가 있으면 함께 의논해서 해결해야 하는 것 아닌가요? 왜 자꾸 각자가 따로 해결하라고 하는지 모르겠군요."

이 인디언들에게는 문제를 각자가 따로 해결한다는 상황 자체가 전혀 생소할 뿐더러 이해도 되지 않는 것이었습니다. 인디언 부족으로 대표될 수 있는 '원시공동체 사회'에서는 부족의 구성원들이 함께 도와가면서 생활하지 않으면 자신들의 '생존' 자체가 위기에 닥치는 사회였습니다. 수렵이나 채집활동을 통해 먹을거리를 마련하고 아이들을 돌보며 맹수나 다른 부족과 싸워나가며 '생존'하기 위해서는 함께 똘똘 뭉쳐 공동체를 이루고 문제를 함께 풀어나가야 했습니다.

머릿속에서 실험을 해보도록 하죠. 만약에 '이기적인' 인디언 부족이 있다고 칩시다. 이 부족의 구성원 100명은 너무 이기적인 나머지 자신들이 사냥을 할 때 쓰는 창에도 각자의 이름을 새겨 넣습니다. 왜냐고요? 누구 창으로 잡았는지 알아야 '이기적으로' 혼자만 먹을 테니까요. 100명의 부족 사람들이 창 하나에 버펄로 한 마리씩 잡을 수는 없습니다. 100개의 창 중에서 기껏해야 한두 마리 잡는 상황에서 이렇게 잡은 사람만 버펄로를 식량으로 사용하면 어떤 일이 벌어질까요? 나머지 사람들은 식량부족으로 영양실조에 걸려서 결국 굶어죽게 되겠죠. 그렇게 절반 정도가 죽었다고 하면, 부족원은 50명이 남겠네요. 창 100개를 던져서 한두 마리 잡히던 버펄로인데, 창 50개를 던지면 그만큼 잡기가 더 어려워지겠죠? 결국 버펄로도 잡기 힘들어지고 사람들은 계속 굶어 죽습니다. 이 부족이 이런 '이기적인' 생활을 지속한다면 결국 어떻게 될까요? 망하는 것입니다. 이 부족은 왜 망했을까요? '이기적'이어서 망했습니다.

그렇게 함께 돕는 공동체 생활을 잘해야 '생존'할 가능성이 높은 게임의 법칙을 가진 것이 원시공동체 사회입니다. 다시 말해서 그들에게는 '생존' 자체가 '함께 도와가면서 사는' 삶이 될 수밖에 없는 거죠. 그런 원시공동체 사회에서는 지금의 자본주의 사회에서와 같은 '이기심'은 찾아볼 수 없습니다. 오히려 자신이 취득한 지식과 정보를 빨리 구성원들과 공유하고 수렵과 채집을 통해 얻은 먹을거리도 함께 나눠먹는 것이 상식인 사회였습니다. 그런 생활이 계속되면 공동체 정신과 협동심이 마치 자신들의 본성인 것처럼 느껴지게 되지요. 반면에 '이기심'은 그 사회에서는 곧 '죽음'을 의미하는 것이었지요.

자본주의 사회에서의
게임의 법칙

●

그러면 이와는 극단적으로 대척점에 있는 현재의 자본주의 사회를 돌아봅시다. 자본주의 사회에서는 생산의 목적이 무엇인가요? 자본가 개인의 이윤 추구, 즉 돈벌이입니다. 자본가는 더 많은 부를 자신이 차지하려는 욕망에 노동자에게 적은 임금을 주고 더 많은 일을 시키려고 합니다. 그래서 야근에 철야에 비정규직에 임금체불 등은 이미 우리나라에서는 흔한 일상이 되었습니다. 사실 자본가들이 이렇게 '이윤'에 대한 욕망으로 발버둥치는 것은 시장에서 다른 자본가와의 '경쟁'에서 이기기 위해서이기도 합니다. 다른 회사보다 더 많은 이윤을 내지 않는다면 결국 시장 경쟁에서 낙오하고 회사가 문을 닫을 수밖에 없는 상황에 처할 수 있기 때문이죠. 그래서 자본가들은 시장에서 '생존'하기 위해서 이기적이 될 수밖에 없습니다. 이것이 바로 자본주의 시장에서의 '게임의 법칙'인 거죠.

자신이 살아가는 동안 필요한 모든 것을 자기 혼자서 책임져야 하는 자본주의 사회에서는 당연히 '이기심'만이 자신을 구원할 수 있습니다. 어쭙지 않게 다른 사람을 배려하고 다른 사람의 입장을 생각하면 살벌한 자본주의 경쟁 사회에서 뒤처지기 십상입니다. 남보다는 자기 것을 잘 챙기는 약삭빠른 사람이 승진도 잘 되고 돈도 잘 버는 경우를 많이 봅니다. '생존'하기 위해서는 윗사람에게 굽실거려야 하고 부당한 대우를 받고 모욕을 받더라도 참아야 한다고 말합니다. 그래야 '생존'을 할 수 있기 때문이죠.

이런 자본주의 사회의 게임 법칙에 익숙해지면서 대한민국 부모들은 자식들에게 돈 잘 버는 자본가가 되든지 의사, 변호사 등의 전문직 종사자가 되기를 권유합니다. 그래서 부모들은 아이들에게 학교에서 공부를 잘 하라고 강요합니다. 우리 사회에서는 좋은 대학을 나와야 돈 잘 버는 전문직 종사자 혹은 자본가가 되기 쉽기 때문이죠. 이렇게 자본주의 게임 법칙은 아이들이 공부하는 '학교'로 스며들게 됩니다. 좋은 성적을 얻어 더 좋은 상급학교에 진학하는 것 자체가 자본주의 사회에서 '생존'하기 위해 꼭 필요한 일이 돼버린 거죠. 아침 0교시부터 등교해 밤까지 야간자율학습을 하고 새벽까지

독서실에서 공부하는 것은 자본주의 사회에서 '생존'하기 위한 몸부림 그 자체입니다. 이기심으로 무장해서 친구를 누르고 자신이 더 좋은 점수를 얻어야 자본주의 사회에서 '생존'할 수 있는 가능성이 높아집니다. 학생들은 점수를 쫓는 하이에나가 되어서 인간성을 잃고 병들어갑니다. 최근 부쩍 학교 폭력이 문제가 되는 것도 이러한 스트레스와 중압감을 견디지 못하고 아예 일탈해버리기 때문입니다.

경쟁의 숲에서

인류 역사상 최고의 지성 중 한명으로 꼽히는 카를 마르크스Karl Heinrich Marx는 다음과 같이 얘기했습니다.

'존재가 의식을 규정한다.'

그렇습니다. 자본주의의 게임 법칙에 맞춰서 살고 있는 우리의 '존재' 양식이 우리에게 이기심이라는 '의식'을 규정하고 있는 것입니다. 인간이 본성적으로 이기적인 것이 아니라 우리가 살고 있는 자본주의 사회의 경쟁구조가 인간의 다양한 가능성 중에 유독 '이기심'만을 증폭시킵니다. 그런데 우리는 잘못된 사회구조의 '결과물'인 이기심을 오히려 인간의 본성으로 승격시켜 잘못된 사회구조가 인간의 본성에서 기인하는 것처럼 얘기하고 있습니다. 원인과 결과가 주객이 전도돼 물구나무 서 있는 것이죠. 그리고 잘못된 사회구조를 고치려는 노력은 하지 않고 이기적인 사회를 인간의 본성에 의한 숙명으로 받아들이는 것이죠. 이 과정에서 우리는 너무나 당연한 사실을 잊고 삽니다.

인간은 원래 이기적인 존재도 아니고, 함께 도우며 살았었다는 사실 말입니다.

화폐 모으기 게임과
인간관계

우리가 역사책에서 접하는 콜럼버스는 아메리카 대륙을 '발견'한 위인입니다. 그런데 가만히 생각해보면 좀 이상하지 않나요? 콜럼버스가 아메리카 대륙을 '발견'했을 때 이미 그곳에는 엄청나게 많은 사람들이 살고 있었습니다. 잉카 문명이나 마야 문명의 유적들은 바로 그곳에서 이미 살고 있던 사람들이 이룩한 훌륭한 인류의 문화유산들이죠. 그렇다면 '발견'이라는 말은 적절한 단어가 아닙니다. 서로 우연히 만난 것이죠. 사실 우리가 평소에 접하는 역사책들은 대부분 서양의 시각에서 쓰인 것들이 많습니다. 콜럼버스가 아메리카 대륙을 발견했다는 얘기는 철저하게 서구의 시각에서 본 역사관이지요.

하지만 진짜 문제는 콜럼버스를 통해 스페인 사람들이 아메리카 대륙에 진출하면서 발생했습니다. 당시 서양에서는 금에 혈안이 돼

'황금 모으기 게임'이 한창이었습니다. 금을 화폐로 사용했기 때문에 더 많은 금을 가질수록 부자가 되는 상황이었거든요. 그래서 스페인 사람들은 아메리카 대륙으로 건너가서 기존에 살던 사람들이 이룩해 놓은 수많은 문명을 파괴하고 황금을 약탈했습니다. 스페인 사람들은 자신의 욕심을 채우기 위해서 말을 듣지 않는 아메리카 대륙의 주민들을 산 채로 불에 태우고 임산부의 배를 갈라 아이를 죽이는 등 차마 입에 담을 수 없는 짐승 같은 만행을 저질렀습니다. 아메리카 대륙에 살던 사람들은 도저히 스페인 사람들의 이런 행태를 이해할 수 없었습니다. 그들은 단지 황금을 장식품으로 사용했을 뿐 화폐로 사용하지는 않았거든요.

'스페인 사람들아! 당신들이 섬기는 신은 황금을 그렇게 좋아하느냐?'

아메리카 대륙에서 일어난
황금 모으기 게임

아메리카 대륙 사람들은 그저 장식품으로 쓰이는 황금 때문에 자신들을 무자비하게 학살하는 스페인 사람들을 도저히 이해할 수 없었습니다. 잉카 문명이나 마야 문명의 사람들은 몰랐던 것이죠. 스페인 사람들이 섬기는 신이 황금을 좋아하는 것이 아니라, 스페인 사람들이 섬기는 신神 그 자체가 '황금'이라는 사실을 말입니다. 스페인 제국주의의 이러한 만행 때문에 남아메리카 대륙에 살던 대략 8천만 명의 사람들은 고작 2백만 명 정도를 제외하고 모조리 죽임을 당했습니다. 비극적인 역사죠. 지금 라틴아메리카 사람들 대부분이 스페인어를 쓰는 데는 바로 이런 역사적인 비극이 숨겨져 있습니다.

스페인의 '황금 모으기 게임' 때문에 애꿎은 아메리카 대륙의 주민들이 떼죽음을 당한 겁니다. 이미 지난 역사에서 가정假定이란 의미가 없을지도 모르지만, 황금 모으기 게임만 아니었다면 스페인 사람들과 아메리카 대륙의 사람들 사이의 관계가 이렇게 최악의 상황이 되지는 않았을 겁니다.

그런데 지금 바로 이 순간 우리도 비슷한 게임을 하고 있습니다. 바로 '화폐(돈) 모으기 게임'이지요. 우리가 살고 있는 자본주의 사회는 '돈'이라는 것을 중심으로 세상을 바라보는 세계관을 가지고 있습니다. 돈이 되는 일이면 좋은 일이고 그렇지 않으면 안 좋은 일이라는 식으로 많이 생각합니다. 이른바 '돈'이 최고인 사회입니다. 돈만 있으면 웬만한 것은 다 가능합니다. 돈이 많으면 일하지 않고도 호의호식할 수 있고, 예쁘고 잘생긴 애인도 생깁니다. 어디 가든지 돈만 있으면 왕처럼 대접받을 수 있지요. 나쁜 짓을 해도 돈이 많으면 처벌도 안 받습니다. 재벌들, 법 어겨도 제대로 처벌받는 것 본 적 있나요? 가난한 사람들은 배고파서 물건을 훔쳐도 절도죄로 징역을 살기도 하는데 말이죠. 이렇게 돈만 있으면 무엇이든지 살 수 있는 것이 자본주의 사회입니다. 모든 것이 상품으로 되는 자본주의 사회의 현실이겠지요. 모든 것이 상품이 된다는 의미는, 돈만 있으면 모든 것을 살 수 있다는 얘기니까요.

인간관계가
돈관계로 바뀌어버리다

그러다보니 너도 나도 더 많은 돈을 모으기 위해서 혈안이 되어 있습니다. 이런 사회에서 모든 사람들의 궁극적인 목표는 더 많은 돈을 모으는 것으로 귀결됩니다. 그리고 이런 '화폐 모으기 게임'은 스페인의 '황금 모으기 게임'이 그랬던 것처럼 인간관계에서 말로 다 할 수 없는 파괴적인 현상들을 낳습니다. 화폐 모으기 게임에서 승자가 되기 위해 수많은 사람들이 몸부림친 덕분에 가족관계, 친구관계, 직장동료관계 등 각종 인간관계가 무너지는 것을 우리는 매시간 직접·간접적으로 경험하고 있습니다. 그렇기 때문에 우리가 사는 자본주의 사회에서 인간관계의 본질을 이해하기 위해서는 '화폐 모으기 게임'에 대해 진지하게 들여다보지 않을 수 없습니다.

사실 스페인 사람들이 그렇게 갈구했던 '황금'이 그 자체로는 그저 금속의 한 종류일 뿐인 것처럼, 우리가 갈구하는 '화폐'는 그 자체로는 단지 특정한 문양이 인쇄된 종이일 뿐입니다. 주로 세종대왕이나 신사임당 같은 위인들이 인쇄되어 있죠. 화폐 모으기 게임에서 조금만 물러나 차분하게 생각을 해보면, 돈이 모든 것을 가능하게 해준다는 생각은 일종의 '환상'에 지나지 않음을 알 수 있습니다. 실질적으로 '돈'이라는 것, 세종대왕의 모습을 찍어놓은 종이라는 것은 그 자체로서는 그다지 쓸모가 없습니다. 가령 이 세상의 모든 사람이 지금 이 순간부터 아무 일도 하지 않고 만날 집에서 누워만 있다고 생각해봅시다. 이렇게 모든 사람이 아무 일도 하지 않는 상황이 계속되면 이 세상에 어떠한 상품도 생산되지 않을 겁니다. 예컨대, 생산은 멈춰버리고 세종대왕이 찍혀 있는 지폐가 있다고 해서 없던 TV가 갑자기 생겨날 수는 없는 노릇이니까요.

'돈아! 너는 뭐든지 가능하게 만들지 않느냐!'

이렇게 외치면서 돈에게 아무리 요청을 해도 돈 자체는 우리에게 아무것도 해줄 수가 없습니다. 왜냐고요? 사람이 아무 일도 하고 있지 않기 때문이죠. 사실 우리가 돈으로 구입하는 모든 상품은 누군가의 노동을 통해 세상에 나오게 된 것들입니다. 누군가가 노동을 하지 않았다면 내가 매일 먹는 쌀은 생산될 수 없습니다. 누군가가 노동을 하지 않았다면 우리가 공부하는 강의실도 존재할 수 없습니다. 누군가가 노동을 하지 않았다면 우리가 항상 가지고 다니면서 친구들과 연락하는 휴대폰도 존재할 수 없습니다. 우리가 쓰는 모든 것이 누군가가 땀 흘려 일한 결과물입니다. 이 얼마나 고마운 일입니까? 다른 사람의 노동이 있었기에 우리는 옷을 입고 음식을 먹으며 휴대폰을 사용할 수 있는 것이죠.

돈이 모든 것을
가능하게 해준다는 환상

내가 인간답게 살 수 있는 것은 다른 누군가의 노동 덕분입니다. 물론 나 자신이 하는 노동도 다른 누군가에게 도움을 주고 있고요. 이렇게 우리는 한순간도 다른 사람의 도움이 없이는 살아나갈 수 없습니다. 사실 '돈'이라는 것은 각자의 노동의 성과물들이 교환되는 데 매개의 역할을 해주는 것일 뿐이죠. '돈'이 무슨 가치를 만들어낼 수 있나요? 모든 가치는 '노동'이 창출하는 것입니다. 그런데 자본주의 사회의 화폐 모으기 게임은 이 소중한 타인의 '노동', 항상 고마워하고 감사해야 할 타인의 '노동'을 단순한 화폐 수치로 바꾸어 놓습니다. 타인의 노동으로 내가 살아가고 나의 노동이 타인에게 도움이 되는 소중한 '인간'관계를 '돈'관계로 바꾸어버리는 것이죠.

누구나 비슷한 경험이 있을 것 같은데요. 저는 어릴 적에 부모님으로부터 음식을 남기면 벌 받는다는 말을 많이 들었습니다. 그런데 초등학교 들어갈 때부터 묘한 반감이 생기더군요. 어차피 돈을 주고 산 음식들인데 좀 남기면 어떠냐는 생각이 자꾸 들었습니다. '내 돈 내고 내가 먹을 만큼 먹고 버리는데 왜 이렇게 간섭일까?'라고 생각했지요. 그런데 아마도 제가 먹던 그 음식이 부모님이 새벽부터 나가서 허리 두드려가며 농사를 지어 만든 것이라면 절대 버리지 못했을 겁니다. 그런데 '화폐 모으기 게임'으로 돌아가는 사회에서는 소중한 농부의 노동은 가려지고 화폐로 매겨진 가격만 남습니다. 이 당근은

500원짜리, 이 김은 5,000원짜리, 뭐 이런 식이죠. 이런 상황에서는 농부의 노동에 대한 고마움을 느낄 수가 없습니다. 이렇게 모든 것을 '화폐'에 대한 환상으로 바꿔버리는 현상을 마르크스는 『자본론』에서 '물신주의物神主義'라고 불렀습니다.

돈이 모든 것을 가능하게 한다는 환상은, 결국 사람들이 돈을 숭배하고 돈을 모든 가치보다 우위에 두는 분위기를 만들어냈습니다. 마치 중세 서양의 사람들은 신神이 전지전능하기 때문에 신을 숭배하고 모든 가치의 위에 신의 가치를 두었던 것과 같은 것이죠. 마르크스가 얘기했던 물신주의物神主義라는 단어는, 결국 물物이 신神이 되었다는 의미입니다. 그래서 중세 서양에서 신의 뜻이라면 멀쩡한 여자도 마녀로 몰아 죽이고 이슬람교도들을 이교도라고 하면서 쳐들어가 학살했던 것이 정당화되었듯이, 화폐 모으기 게임으로 돌아가는 사회에서는 화폐를 모으는데 도움이 된다면 멀쩡히 일하던 수많은 노동자들을 대량으로 정리해고해도 되고, 화폐를 모으는데 별로 도움이 안 된다는 이유로 수많은 청년들이 일자리를 얻지 못하는 심각한 상황이 용인되는 것입니다. 선악의 기준이 '돈'이 되느냐 안 되느냐로 판단되기 때문이죠.

우리는 역사를 통해서 '황금 모으기 게임'으로 스페인 사람들과 아메리카 대륙의 주민들이 맺은 인간관계는 착취와 대량학살이었다는 사실을 알고 있습니다.

지금 우리 사회의 '화폐 모으기 게임'은 어떤 인간관계를 만들어내고 있을까요?

그들이 없으면
우리는 살 수 없다

지난 2010년 1월 13일, 지하철 신길역 근처에 위치한 전국농민회총연맹의 사무실을 찾는 발걸음은 사실 그다지 가볍지 않았습니다. 대표적 고령화 및 사양 산업인 농업……. 저의 30여 년 삶에서 이 나라의 농업과 농촌, 그리고 농민이 무너져내리고 있다는 얘기를 듣고 산 지도 벌써 십수 년이 지난 것 같습니다. 더 이상 무너질 것도 없고, 무너지는 것을 슬퍼할 이도 없을 것 같은 농업에 대한 얘기를 하자니 발걸음이 무거웠습니다.

"농업을 포기하면
사회는 한순간에 무너집니다"

마침 농민회 사무실 앞에 가니 시쳇말로 닭장차, 그러니까 전투경찰을 실어 나르는 버스가 보이는 것 아닙니까. 엄청나게 추운 날씨에 전경들 몇몇이 방패를 들고 주변에 서 있었습니다. 사무실 건물 앞에는 겹겹이 쌓아놓은 쌀가마니들과 답답한 마음에 굳은 얼굴로 시위를 하는 농민들 때문이었습니다. 그 앞에는 '남쪽에는 쌀값 안정, 북쪽에는 식량해결, 정부는 대북 쌀지원 재개하라!'고 인쇄된 현수막이 덩그러니 달려 있었습니다. 더욱 무거워진 발걸음으로 사무실로 향했습니다.

"결국 농업은 희망이 있을 수밖에 없습니다."

상당히 해맑은 얼굴로 당연하다는 듯이 '희망'이라는 단어를 거침없이 내뱉는 이 사람은 전국농민회총연맹 정책국장을 맡고 있는 30대 초반의 곽길자 씨. 남자화장실에서 여자 만난 느낌이랄까요? 농민회에서 '희망'이라는 단어는 그만큼 생뚱맞게 들렸습니다.

"농업은 사라질 수가 없습니다. 공상 만화에 나오는 것처럼 알약하나 먹으면 배 안 고픈 사회가 오기 전까지는 말이죠. 농업은 필수이고 기본산업입니다. 석유가 없어서 차가 움직이지 않아도 사람이 그럭저럭 살 수는 있지만 먹을 것이 없으면 살 수가 없습니다."

물론 맞는 말이죠. 농업이 없으면 인류는 모두 굶어 죽을 것입니다. 하지만 우리나라는 공산품을 수출해서 번 돈으로 식량을 수입하고 있잖아요. 그런 의미에서 꼭 이 대한민국 땅에서 농사를 지어야 할 필요는 없어 보입니다. 그래서인지 지금 우리 정부의 농업에 대한 정책을 살펴보면 사실상 '농업 포기' 정책이나 다름없었습니다. FTA 등 세계화와 선진화를 외치고 있지만 농민을 위한 정책을 내놓지 못하는 정부에게 곽길자 씨는 이렇게 일갈합니다.

"글로벌 스탠더드를 입으로만 외치지 말고 제발 농업에도 적용했으면 좋겠습니다. 미국이나 유럽연합 같은 소위 선진국들은 농업에서 엄청난 보호무역 정책을 쓰고 있습니다. 농업 보조금도 엄청나게 주고 있고요. 특히 미국은 작년에 농업 관련 법률을 통과시키면서 보호무역이 더 강화됐습니다. 그런데 우리는 말로는 선진화를 외치면서 필리핀, 말레이시아, 태국의 농업정책을 따라가고 있습니다. 필리핀은 한때 세계최대 쌀 수출국이었는데 농업을 포기한 10년 사이에 모든 기반이 다 무너졌습니다. 소말리아도 예전에는 식량을 자급하던 나라였습니다. 그런데 농업을 포기한 지금은 기아로 허덕이고 있습니다. 무너지는 것은 한 순간입니다. 그래서 선진국이 농업을 지키는 것입니다. 정부는 왜 선진국 따라하자고 하면서 후진국 따라하는지 모르겠어요. 정말 안타깝습니다."

대한민국, 쌀을 제외한
식량 자급률 3%

1997년에 경상대학교 무역학과에 입학한 곽길자 씨는 호적만 대구일 뿐 도시 소녀였습니다. 농촌이라고 하면 단순히 공동체적 낭만과 유유자적하는 삶의 환상으로만 느꼈던 도시 출신 곽길자 씨. 1학년 때부터 매년 빠지지 않고 농활에 참여한 곽 씨는 해가 갈수록 무너져 내리는 농촌의 모습을 자신의 눈으로 경험했습니다.

"대학교 1학년 때인 1997년에는 농활 가면 젊은 사람도 좀 있었습니다. 분반활동하면 아동반이나 청장년반이 나름 잘 됐는데요. 지금은 전혀 안 됩니다. 젊은 사람들이 다 나가고 남아 있는 분들은 노인밖에 없습니다."

이런 과정을 직접 목격해서일까요. 총여학생회의 회장을 역임했을 정도로 여성문제에 관심이 많은 페미니스트 곽 씨는 농민운동에 투신하기로 마음을 정하고 2002년에 지역의 농민회에서 일을 시작했습니다. 곽길자 씨가 저에게 들려주는 얘기는 충격적이었습니다. 쌀을 제외하고는 우리나라의 식량 자급률이 3%랍니다. 그나마 쌀이 98% 자급이기 때문에 식량 자급률이 27%라는 것이죠. 정부는 이런 문제를 해결하기 위한 대안으로 해외 농지 개발을 주장하고 있다고 합니다. 해외 농지 개발을 통해 기업이 농업에 적극적으로 진출할 것을 권장한다고 합니다.

"해외 농지 개발 차원에서 대우로지스틱스가 마다가스카르에 진출을 시도했는데요. 벨기에 절반 크기에 해당하는 농지를 개발하려고 했습니다. 그런데 현지에서 폭동이 일어났어요. 국민들이 자기 나라 땅을 외국에 팔아먹는 데에 분노한 것입니다. 결국 무산됐죠. 무슨 식민지를 경영하려는 느낌이 나잖아요. 게다가 그런 방식으로 해외 농지 개발을 했다고 안정적으로 식량을 확보할 수 있는 것도 아닙니다. 2008년 전 세계 식량위기 때 많은 나라들이 자국에서 생산된 농산물의 수출을 금지했지요. 농업은 돈벌이의 대상이 아닙니다. 농업은 국민의 기본 권리입니다."

너무나 당연한 얘기지만, 우리가 음식물을 섭취하기 위해서는 누군가가 농사를 지어야 합니다. 물론 그 누군가가 나는 아닐 거라고 다들 생각하는 것 같지만요.

"공기가 풍부하게 있으니까 사람들은 공기가 없으면 어떻게 될까를 생각하지 않습니다. 농업도 비슷합니다. 농사 짓는 사람이 없으면 어떻게 될까를 생각하지 못하는 거죠. 좀 갑갑하겠다는 정도로만 생각하는 것 같습니다. 안 되면 다른 나라에서 싸게 수입하면 된다고 쉽게 생각하는 것 같아요."

농업,
돈벌이 대상이 될 수 없는 이유

그렇다면 곽길자 씨가 생각하는 농업 문제의 해결책은 무엇일까?

"많은 나라들이 중요한 사업에 대해서는 국유화하잖아요. 저는 궁극적으로 농업도 국유화해야 한다고 생각해요. 혹자는 사회주의적인 발상이라고 할지도 모르겠지만, 먹고 사는 것은 그 무슨 주의를 넘어서는 것입니다. 농업은 이윤추구의 대상이 돼서는 안 됩니다. 모두가 공평하게 먹고 살기 위해서는 국유화가 최선의 방책입니다. 금융위기가 오면 공적자금을 몇 십조 원씩 투입하는데 농업을 국가가 책임지는 데는 그렇게 돈이 들지 않아요. 농민들이 이미 기본적으로 생산기반을 가지고 있고요. 오히려 지금 농업 관련 유통업체나 기업들에게 주는 보조금을 정부가 직접 관리한다면 충분히 가능합니다. 뿐만 아니라 지금보다 더 효율적으로 운영이 가능합니다. 관광공사도 있고 도로공사도 있는데, 농업공사는 없습니다. 농업을 공사화해서 국가가 책임져야 합니다."

농업을 국가가 책임지게 되면 젊은 사람들도 농업에 더 많은 관심을 가지게 되고 고용창출에도 도움이 된다는 것이 곽 씨의 얘기입니다. 그리고 농산물의 유통도 국가가 관리를 하게 되면 가격 폭락이나 폭등과 같은 나쁜 상황을 막을 수 있다는 것이죠. 그래서 물가의 안정에도 큰 도움을 줄 수 있다고 합니다.

"쿠바는 유기농의 선진국으로 잘 알려져 있는데요. 쿠바가 전국적으로 유기농으로 전환할 수 있었던 가장 큰 힘은 국민투표였습니다. 국가가 적극적으로 나서서 국민을 설득하고 국민투표를 통해서 국민적 합의를 이끌어낸 것이죠. 우리나라는 친환경농업도 생산자 개인의 책임으로 떠넘겨 버립니다."

곽 씨는 국민들이 단순히 소비자로서만 농업문제를 바라보지 않았으면 좋겠다는 얘기를 합니다. 최근에 공정무역에 대한 관심과 지지가 높은데, 제3세계 농민에게는 정당한 값을 줘야 한다면서 우리나라 농산물은 무조건 싼 것이 좋다고만 얘기한다는 것이죠. 그러고 보니 우리나라 농민의 어려움은 고민하지 않으면서 제3세계 농민을 책임지겠다는 발상은 왠지 선후가 바뀐 느낌입니다. 남의 아이는 돌봐주면서 제 자식은 버려두는 것처럼 아이러니한 것이죠.

"대학생이나 젊은 사람들 가운데 귀농의 붐이 일고 있습니다. 그중에는 공동체를 꿈꾸는 사람도 있고 유유자적하겠다는 사람도 있고요, 목적은 각자 다양한데요. 우리나라뿐만 아니라 세계적으로 귀농의 추세가 있는 것이 현실입니다. 도시의 삶이 갑갑하니까요. 인천에서는 도시농업네트워크가 활성화되어 있습니다. 도시농업을 해본 사람들은 우리 농산물을 구입할 수밖에 없답니다. 얼마나 농사가 힘든지 직접 알게 되니까요. 자신의 작은 텃밭 하나 가꾸는 것도 어렵거든요. 생명의 경이로움을 알게 되고, 농업과 농민의 소중함을 깨닫게 되는 것입니다. 좋은 움직임이에요."

전국농민회총연맹 사무실을 들어올 때 보았던 쌀가마 더미와 현수막이 다시 눈에 들어왔습니다. 이명박 정부 이후 쌀 52만 톤이 북쪽에 지원을 못해서 그대로 남아 있다는데요. 한해 쌀 수확량이 대략 450만 톤인 것을 감안하면 8분의 1에 해당하는 정말 엄청난 양입니다. 안 그래도 쌀값이 폭락해서 농민들이 좌절하고 있는데, 대북지원

“결국 농업은 희망이
있을 수밖에 없습니다.”

물량이 시장에 방출된다면 농민들은 절망이라고 합니다. 남쪽의 농민에게도 좋고, 북쪽의 동포들에게도 좋은 일이 이 정부에게만은 싫은 것 같아서 안타깝습니다.

많은 사람들이 놓치고 있는 사실이 있습니다. 미국은 세계 최대의 농업국가라는 사실 말이죠. 그러면 미국은 후진국이라서 세계 최대 농업국가인가요? 세계 최고의 선진국 미국이 세계 최대의 농업국가라는 사실, 그리고 세계 최고의 농업 보호무역과 농업 보조금 국가라는 사실이 우리에게 낯선 까닭은 무엇일까요? 사실상 정부가 농업을 포기하고 있는 이 시기에 우리가 진지하게 고민해봐야 할 문제입니다.

인간관계의 복원은 가능한가?

사람은 타인의 노동이 없이는 살아갈 수 없는 존재입니다. 그렇기 때문에 인간을 사회적 동물이라고 표현하지요. 어떤 사람은 로빈슨 크루소의 예를 들면서 인간은 혼자서도 살 수 있다고 할지 모르겠습니다. 하지만 로빈슨 크루소가 무인도에서 혼자서 생활할 수 있었던 지혜는 그가 무인도에 가기 전에 사회생활을 하면서 얻은 지식에서 나온 것입니다. 만약 그가 이전에 사회생활을 하지 않았다면 무인도에서 결코 생존할 수 없었겠지요. 인간은 사회적 동물이기 때문에 사회속 인간의 삶이 더욱 나아지기 위해서는 사회의 구성원들이 서로를 존중하고 배려하는 관계를 형성해야 합니다. 서로가 서로를 불신하고 미워하는 관계 속에서 사회가 잘될 리는 없으니까요.

하지만 앞에서 언급했듯이 현재의 사회구조는 인간관계를 단순한 돈관계로 치환해버리고 이기심만이 자신을 구원하도록 만들고 있습니다. 이런 상황이 계속된다면 우리 인간사회의 미래는 암울할 수밖에 없습니다. 이기심, 물신주의, 이런 것들에 의해서 망가져가는 인간관계를 살리고 복원시키기 위해서는 어떻게 해야 할까요?

우리는 로봇이 아닙니다. 뜨거운 피와 펄펄 살아 움직이는 살덩어리로 이루어진 인간입니다. 그래서 우리는 로봇이 가지지 못한 '감정'을 가지고 있습니다. 로봇은 누군가가 자신을 때려도 무슨 일이 있었느냐는 듯 자신의 일을 계속 할 뿐입니다. 감정이 없기 때문이지요. 하지만 누군가가 우리를 때린다면 우리는 화가 치밀 것입니다. 인간이기 때문이지요. 이기심이나 물신주의가 팽배한 상황은 많은 사람들의 마음에 '분노'의 감정을 일으킵니다. 사랑이나 우정보다 돈을 추구해야 하고 다른 사람에게 피해를 주더라도 자기 자신만의 이익을 추구해야 하는 사회에서는 아무래도 많은 사람들의 마음속에 기쁨보다는 슬픔이, 행복보다는 분노가 생길 수밖에 없습니다.

'인간관계'의 값어치

이 '분노'의 감정은 중요합니다. 현재의 상황에 분노하지 않는다면 상황을 바꾸겠다는 생각도 들지 않기 때문입니다. 많은 사람들이 감정보다는 이성적으로 사고하는 것이 중요하다는 식으로 얘기하는데, 사실 감정은 기관차의 엔진과 같은 것입니다. 사랑의 감정이 싹트지 않는다면 사랑을 다룬 그 수많은 예술작품들이 탄생하지 않았을 것이며, 불의에 분노하는 감정이 솟구치지 않는다면 잘못된 일은 시정되는 일이 없을 것입니다. 인간은 감정이 있기 때문에 인간입니다. 불의에 분노할 줄 모르는 사람이 있다면 그 사람은 이미 영혼 없는 로봇이나 다름없는 것이지요.

또 중요한 것은, '돈'보다 '사람'이 중요하다는 사실들 잊지 않는 것입니다.

앞서 농민회에서 일하는 곽길자 씨와의 인터뷰에서 언급했듯이, 우리가 음식을 먹기 위해서는 농부의 노동이 있어야 합니다. 우리가 아무리 많은 돈을 가지고 있더라도 농부의 노동이 없다면 절대로 음식을 먹을 수 없습니다. 아무리 세상이 '화폐 모으기 게임'의 논리로 돌아가는 자본주의 사회에서 살더라도 이러한 사실을 결코 잊어서는 안 됩니다. 결국 모든 것은 돈이 아닌 사람이 만드는 것이기 때문이지요. 그렇기 때문에 사람을 소중히 할 줄 알아야 합니다.

우리 사회에서는 '사람'보다 '돈'을 우선하면서 생기는 부작용이 너무나 많습니다. 부동산 재개발 이익을 얻겠다는 명목으로 멀쩡하게 살던 사람들을 강제로 내쫓다가 용산참사가 일어나기도 하고, 인건비를 줄이겠다는 의도로 멀쩡하게 일하던 노동자들을 정리해고하고 비정규직을 채용한 후 해고 노동자들이 자살하는 비극도 발생합니다. 돈 때문에 일어나는 가족이나 친구 사이의 비극들은 너무나 비일비재해서 식상하기까지 합니다. 노인들을 위한 복지는 전무하다시피 해서 대부분의 노인이 사실상 극빈층의 생활을 하고 있습니다.

힘이 넘칠 때는 노동력을 착취하고 나이가 들어 힘이 없으니 버리는 것이죠. 사회 차원의 집단 고려장이나 다를 바가 없습니다.

커피 생산자의 삶을 돌아보게 만든
공정무역

“커피 하나를 살 때 공정무역 커피를 사는 일, 그렇게 어렵지는 않잖아요?”

최근에 공정무역이나 공정여행 같은 것이 화제가 되고 있습니다. 공정무역 커피의 경우, 실제 커피를 생산하는 지역의 노동자들이 악덕상인들의 중간착취 때문에 형편없는 임금을 받는 상황을 개선하기 위해 커피 생산자와의 직거래를 통해 생산자와 소비자 모두가 만족할 수 있는 구조를 만들었습니다. 내가 마시는 커피 한 잔이 그저 얼마의 돈을 주고 마시는 것이 아니라 그 배후에 있는 커피 생산자의 삶을 돌아보게 만든다는 점에서 공정무역은 의미가 있습니다. 물론 한 나라가 다양한 경제활동 부문들을 포기하고 커피만을 대량으로 생산하게 된 배후에는 제국주의의 침탈에 의한 식민지 역사부터 알아야 이해할 수 있습니다. 그렇기 때문에 제국의 이해에 맞춰서 커피 생산기지로 전락하면서 저임금 착취구조에 내몰려 불구화된 식민지 경제구조를 근본적으로 바꿔야 할 필요가 있는 것은 분명한 사실입니다. 이런 근본적인 문제를 어떻게 해결할 것인가에 대한 고민

없이, 단순히 공정무역을 통해 그 노동자의 임금문제가 개선되더라도 그 국가는 여전히 부자 국가를 위한 커피 생산기지의 굴레에서 벗어나지 못하면 빈민국에 머무를 수밖에 없고 이는 분명 잘못된 것입니다. 그럼에도 공정무역 커피를 통해 지구 반대편에 있는 커피 생산 노동자와의 인간관계를 느낄 수 있다는 점은 이 돈 중심 세상에서 분명 주목할 만한 현상이라고 생각합니다. 이것이 앞으로 더 나은 세상을 위한 작은 한 걸음이 될 수도 있습니다. 우선 서로의 상황을 이해하는 것이 모든 관계의 출발이니까요.

행동하는 만큼
바뀌는 세상

관계의 복원을 위해 또 하나 알아야 할 것은, 인간은 두 손이 자유로운 존재라는 사실입니다. 뜬금없는 말처럼 들리지요.

앞서 얘기했듯이 인간은 분명 사회구조에 의해서 의식구조가 영향을 받는 존재입니다. 즉, 우리는 돈 중심의 자본주의 사회에 살기에 이기심과 물신주의가 우리의 의식 속에 자리를 잡는 것처럼 말이죠. 하지만 인간은 다른 동물과 다르게 두 손이 자유롭습니다. 지나온 역사의 과정을 돌아보면 인간은 자신의 자유로운 두 손으로 주변의 환경뿐만 아니라 자신이 사는 사회의 구조도 변화시켜 왔습니다. 지금 당장 눈앞에 있는 돌을 들어서 저 멀리 던져 보세요. 바로 당신이 돌을 던진 그만큼 세상은 바뀌었습니다. 이렇게 우리가 행동하는 만큼, 실천하는 만큼 세상은 바뀝니다. 내 작은 실천 하나가 세상을 어떻게 바꿀 수 있겠느냐며 절망하는 분들이 있다면, 절대 희망을 포기하지 말라고 얘기하고 싶습니다. 우리가 매일매일 살아 숨 쉬는 그만큼 세상을 바꾸고 있으니까요.

정리해볼까요? 잘못되고 있는 인간관계, 잘못 나아가고 있는 사회에 대한 우리의 '분노'는 세상을 바꾸고 관계를 복원하는 힘의 원천입니다. 바다에서 배가 앞으로 나아갈 수 있는 힘을 전해주는 프로펠러라고 생각할 수 있겠지요. '돈보다는 사람이 중요하다'는 사실을 깨닫는 것은 우리 사회가 어떤 방향으로 나아가야 할지를 알려주는 방향타입니다. 배로 치자면 프로펠러의 추진력을 올바른 방향으로 전해주는 키의 역할을 하는 것이지요. 이렇게 추진력과 방향을 갖췄다면 남은 것은 우리의 자유로운 두 손으로 우리가 원하는 모습으로 세상을 바꾸는 일입니다.

세상은 우리가 실천하는 딱 그만큼 바뀝니다.

경계를 넘어…

세계를 누비며 봉사활동을 하고 베스트셀러 저자로도 유명한 한비야 씨 때문일까요? 최근 NGO단체나 국제기구가 인기입니다. 인터넷에서 '국제기구'라는 단어로 검색을 해보니 청년학생을 대상으로 진행하는 설명회, 세미나, 강좌 같은 것이 줄줄이 검색됩니다. 조선일보가 창간 80주년을 맞아 향후 대한민국을 이끌어갈 인재는 'G세대' (88올림픽 이후 태어나 글로벌 능력을 갖춘 20대 초반 세대)라고 명칭했는데 이 'G세대'라는 단어도 'Global'에서 G를 따왔다고 하더군요. 저도 예전에 길거리에서 국제기구인 앰네스티(국제사면위원회)의 회원을 모집하는 캠페인을 여러 번 목격했습니다. 세계화의 시대를 사는 우리는 국경을 넘어 지구 반대편에 있는 사람들과도 다양한 방식으로 인간관계를 형성할 수 있게 되었습니다. 특히 청년들 사이에서 국제적인 봉사활동에 대한 관심이 폭발적으로 일어나서 기존에는 관심을 두지 않았던 저개발 국가들을 방문해 다양한 체험을 하는 움직임이 활발하게 일어나고 있습니다. 그런데 국제기구에 대한 관심이 높아지고 저개발 국가를 방문해서 봉사하는 분위기가 한편으로 반가우면서도 우려되는 면이 있습니다. 그래서 국제연대운동단체 '경계를 넘어'의 활동가 한수진(필명 '수진') 씨를 만났습니다.

국경을 넘어서
함께 연대하는 인간관계

"제 친구가 캐나다에서 1년 정도 머물면서 그곳의 반전反戰운동단체에서 활동을 했는데요. 그때가 2007년이었거든요. 당시에 한창 '휴먼 라이츠 워치HUMAN RIGHTS WATCH'나 '앰네스티AMNESTY' 등의 국제기구들에서 이란의 인권 문제를 엄청 이슈화시키고 있었어요. 이란에서 레즈비언 여성이 탄압을 받고 있다, 이런 식으로 말이죠. 그때 캐나다의 반전운동단체 친구들이 이렇게 얘기했다고 하더라고요. '다음에 전쟁이 어디서 나는지 알려면 휴먼 라이츠 워치나 앰네스티가 내세우는 이슈들을 보면 안다. 다음은 분명 이란이다'라고 말이죠."

미국이 이란의 핵시설에 의혹을 보내며 이란을 침공하느니 마느니 하는 그 시점에 소위 국제기구들은 우연인지 필연인지 이란의 인권 문제를 들먹이고 있었던 것입니다. 수진 씨의 얘기는 계속됐습니다.

"보스니아 내전에서도, '국경없는 의사회'에서 사람들이 죽어간다는 보고서를 계속 발표했는데요. 그 보고서를 근거로 미국이 보스니아 내전에 무력으로 개입했습니다. 그런데 나중에 그 보고서들의 수치가 상당 부분 부풀려졌다는 것이 드러났어요. 오히려 미국의 무력 개입으로 더 많은 인명피해가 났지요. 미국이나 프랑스, 영국 같은 나라들이 아프리카에 소위 평화유지군을 보낸다든지 동유럽 국가들에 개입을 한다든지, 그럴 때 근거로 삼는 것이 국제기구들의 보고서거든요. 그러나 실제 그런 보고서들은 전혀 객관적이지 않아요."

2000년에 모 대학 의류학과에 입학한 수진 씨는 가톨릭학생회 활동을 하면서 자연스럽게 학생운동을 접했습니다. 대학교 때 처음 나간 집회가 국가보안법 반대 집회였는데 당시는 국가보안법이 뭔지도 몰랐다고 웃으며 얘기합니다. 이후 그녀는 가톨릭대학생연합회 활동을 통해 3년마다 열리는 세계가톨릭학생회 총회에 참여해 아프리카, 스리랑카, 인도, 유럽 등에서 온 학생들을 만나면서 국경을 넘어선 차별이나 빈곤 등의 문제에 관심을 가지게 되었다고 합니다.

2004년 인도 뭄바이에서 열린 세계사회포럼에도 참여한 수진 씨는, 전 세계적인 차별이나 빈곤의 문제를 해결하기 위해서는 국경을 넘어서서 함께 연대해야 한다는 것을 느꼈다고 합니다. 그런 문제의식 속에서 2006년 6월부터 국제연대운동단체 '경계를넘어'에서 상근을 시작해서 지금까지 국제연대활동가로 활동하고 있습니다.

"휴먼 라이츠 워치 같은 서방인권단체들이 생각하는 인권의 개념과, 우리가 보는 인권의 개념이 다른 것 같습니다. 서방인권단체들을 보면 누군가를 인권침해의 상황에서 구해줘야 한다고 생각하는데, 그것이 서로 평등한 관계에서 도움을 주고받는 것이 아니라 시혜의 관점에서 이루어집니다. 자신들은 사람들을 구조해주는 역할을 하고, 자신들이 정치적으로 가지고 있는 생각들이 모두 다 올바르다는 식이죠. 서방인권단체들이 히잡 같은 이슬람 여성들의 복장 문제를 많이 지적하는데요, 히잡을 사용하는 당사자들의 의견은 중요하게 여기지 않은 채 여성들을 억압하는 기제라며 히잡을 벗겨야 아랍 여성들이 자유로워진다고 얘기합니다. 굉장히 거만하죠."

인종주의와
편견을 넘어서

●

하긴 우리가 개고기를 먹는다고 눈에 쌍심지를 켠 프랑스의 여배우를 떠올려보면 이슬람의 부르카에 치를 떠는 서방인권단체의 심리가 대충은 이해가 될 것도 같습니다요. 수진 씨는 서방인권단체들의 그런 행태에는 인종주의라는 편견이 전제돼 있다고 말합니다.

"그 사람들은 미국이나 유럽 백인들의 나라에 있는 인권문제는 크게 다루지 않습니다. 자신들은 인권침해가 없는 민주적인 사회에서 살고 있다고 생각하고, 아시아나 아프리카, 라틴 아메리카 등은 덜 민주화되고 인권침해 소지가 매우 많다고 생각하는 거죠. 그런 생각 자체가 기본적으로 인종주의, 즉 백인, 유색인종 등 생리학적 특징으로 차별하는 편견이 있는 것입니다.”

역설적이게도 우리가 국외의 소식을 얻는 경로는 대부분 서방의 외신을 통해서입니다. 우리나라의 국제뉴스는 대부분이 서방의 외신을 그대로 번역하기 때문이죠. 알게 모르게 우리는 서방의 시각을 통해서 세계를 보고 있는 것입니다. 심지어는 특파원을 보내서 얻는 정보도 서방의 외신을 번역하는 것과 별 다를 것이 없습니다. 최근에 있었던 아이티 대지진을 보도하는 언론의 모습이 그런 한계를 극명하게 보여줍니다.

“대부분의 언론사들이 아이티에 특파원을 보냈는데요, 나오는 기사들을 보니 그 사람들이 가서 누구를 만나고 어떻게 취재를 했는지가 뻔히 보이더라고요. 프랑스의 식민 지배를 받았던 아이티는 불어와 아프리카어가 섞인 크리올어를 공용어로 사용하는데, 그 언어를 할 수 있는 한국 사람은 거의 없습니다. 그래서 대부분의 특파원들은 현지에서도 주로 외신이나 영어사용자에게 의존할 수밖에 없죠. 그래서 거기서도 외신을 받아 씁니다. 보수언론이나 소위 진보언론이나 보도내용이 거의 차이가 없더군요. 해외에서는 미국이나 서방이 대지진을 빌미로 군대를 파견해서 아이티를 사실상 점령하는 데에 우려와 반대의 목소리가 많은데, 국내에서는 그런 내용을 다루는 언론도 없고 우리도 당연히 아이티에 파병을 해야 한다고 말하고 있죠. 아이티의 흑인들은 폭도이고 유엔평화유지군은 치안을 담당하는 착한 경찰이라는 식의 편견이 자리 잡고 있더라고요.”

이런 외신 보도의 문제를 해결하기 위해 ‘경계를넘어’에서는 2005

"아프리카나
아시아 지역 사람들이
스스로의 힘으로
살아갈 수 있도록
도와주는 것이 중요합니다."

년부터 지속적으로 인터넷 라디오를 운영하고 있습니다. '경계를넘어' 홈페이지(http://www.ifis.or.kr)와 마포FM에서 매주 1회 방송되는 '경계를넘어' 인터넷 라디오는 1시간 동안 진행되는데, 한 주간의 세계 뉴스와 현장의 목소리를 전달하는 인터뷰, 그리고 한 가지 국제 이슈를 깊이 있게 다루는 코너가 방송됩니다. 지난 방송 내용은 '경계를넘어' 홈페이지에서 파일로 다운 받아서 들을 수 있다고 합니다.

"아프가니스탄에 들어가는 구호사업비의 70%가 구호단체의 인건비로 책정되어 있습니다. 뭔가 크게 잘못 되었지요. 구호사업이란 것이 그 나라가 스스로 문제를 해결할 수 있도록 도와주어야 하는데 말이죠. 우리나라의 국제구호사업의 경우는 종교가 기반이 된 경우가 많은데요. 특정 종교를 홍보하려는 것도 문제지만, 기본적으로 그 사람들은 자신들이 구호활동을 하는 지역의 사람들을 신뢰하지 않는 것 같습니다. 지역의 사람들이 늘 자신들의 도움을 기다리고 있을 거라고 생각하기만 하고, 정작 그 지역의 사람들이 뭘 원하고 어떤 것이 필요한지에 대해서는 고민하지 못하는 것 같아요. 제가 아는 친구가 아프리카에 갔을 때, 사람들이 길에서 분유를 산더미처럼 쌓아놓고 파는 것을 봤는데요. 한국 월드비전에서 보내준 분유인데 아무도 안 가져가서 길에서 팔고 있다고 하더라고요. 단순히 시혜의 측면에서 일방적인 자선활동만 하는 것은 문제입니다. 그 지역의 사람들이 스스로의 힘으로 살아갈 수 있도록 도와주는 것이 중요합니다. 언제나 아프리카나 아시아 지역 어린이들은 굶주리고 늘 외부의 도움을 기다리는 존재로만 인식하는 것도 문제죠. 이것도 일종의 인종주의적 편견입니다."

봉사가
폭력이 될 수도 있다

그러면 국제활동에 관심을 가지고 있는 젊은이들은 어떤 시각에서
접근을 해야 할까요? 수진 씨는 다음과 같이 강조합니다.

"굶주리거나 병에 걸렸거나 교육을 받지 못하거나 옷을 지저분하
게 입은 사람일지라도 똑같은 사람이라는 생각에서 출발했으면 좋
겠어요. 우리도 누구한테 도움을 요청할 때 자존심이 상하잖아요. 그
사람들도 똑같아요. 그 사람들도 자기가 스스로 뭔가 해나갈 수 없고
외부의 도움에 의존할 수밖에 없을 때 무력감을 느낄 수밖에 없고 자
존심이 상할 수밖에 없어요. 우리나라가 많은 어려움을 이겨내고 좀
더 나은 사회를 만든 것처럼 다른 아프리카나 아시아의 사람들도 충
분히 그런 능력을 가지고 있습니다. 단지 외세의 개입이나 경제적인
조건 때문에 어려움이 있는 것입니다. 그 사람도 나와 똑같은 사람이
라고 신뢰한다면, 어떤 지역에 가서 다른 나라 사람과 어떤 상황에서
만나더라도 그 사람을 대하는 태도가 달라질 수 있지 않을까 생각합
니다."

국경을 넘어 지구 반대편의 사람들과도 관계를 맺을 수 있는 세계
화의 시대. 일분일초가 다르게 급변하는 세계화의 시대에서도 변하

지 않는 진실은, 그 어디에 살든 피부색이 어떠하든 돈이 많든 적든
간에 사람은 그 누구나 존중받아야 한다는 사실입니다. 이것이 인간
관계의 본질입니다.

시간

왜 열심히 살아도 가난한가?

출근하고, 일하고, 퇴근하고, 잠자고……

− 1968년 5월 파리의 낙서 중에서

시간의 경제학

'아침 30분 : 하루를 완성하는 시간.'

'1만 시간의 법칙.'

'성공과 실패를 결정하는 1%의 시간관리.'

'소중한 것을 먼저 하라.'

'시간관리의 비밀.'

'블루타임 : 목표를 이루는 시간 설계의 힘.'

'시간의 마스터.'

'성공한 사람들의 시간관리 습관.'

인터넷서점에서 시간관리에 대한 책을 찾아보니 끝도 없이 수많은 책들이 쏟아집니다. 한 사람의 인생을 대략 80년 전후로 보았을 때 그 일정한 시간을 효율적으로 사용하는 것은 분명 성공의 결정적인 요소입니다. 그렇기 때문에 시간관리 책들이 끊임없이 출간되는 것이고요. 하지만 그 많은 시간관리 책들이 다루지 않고 있는 시간에 관한 불편한 진실이 있습니다. 지금부터 할 얘기는 그 불편한 진실에 관한 얘기입니다.

시간에 관한
불편한 진실

우리 사회의 가장 큰 문제로 '빈부격차'를 꼽는 사람이 적지 않습니다. 굳이 복잡한 수치들을 나열하며 빈부격차의 현실을 설명할 필요도 없지요. 한쪽에서는 룸살롱에서 하루에 수백만 원을 양주 값과 팁으로 탕진하고도 끄떡없는 사람들이 있는 반면에 다른 한쪽에서는 한 달 내내 뼈 빠지게 일해도 백만 원이 조금 넘는 월급에 한숨을 쉬어야 하는 사람들이 있습니다. 과연 같은 사회에서 사는 사람들이 맞는지 의심스러울 정도이지요.

그런데 대부분의 사람들이 빈부격차가 생기는 이유를 그저 능력의 차이로 돌리는 것 같습니다. 저 사람은 나보다 능력이 많으니까 저렇게 돈을 잘 벌지, 나는 능력이 없으니까 이렇게 사는 거지 하면서 말이죠. 물론 사람마다 능력의 차이가 있는 것은 사실이고 그에 따라 다소간 벌이의 차이가 날 수 있습니다. 하지만 사람마다 아무리

능력의 차이가 나더라도 그것이 지금 우리 사회에서 벌어지고 있는 엄청난 빈부격차를 설명하는 데는 한계가 있습니다. 그렇다고 가난한 사람들이 일도 안 하고 놀고 있는 것도 아닌데 말이죠. 새벽같이 나가서 밤늦게 들어올 정도로 열심히 사는데도 가난의 쳇바퀴에서 벗어나지 못해 고통 받는 사람들이 우리 사회에는 너무나 많습니다.

빈부격차의 근본적인 이유를 알아보기 위해서 조선시대에 왕이 살던 궁궐을 떠올려 봅시다. 궁궐 참 크죠? 경복궁은 10만 평이 넘는 면적을 자랑합니다. 수많은 후궁과 궁녀들이 왕의 눈길을 받기 위해 대기중이고, 왕은 똥도 비단으로 닦았다고 합니다. 이런 조선시대의 빈부격차가 어디서 왔는지 알아보면 우리 사회의 빈부격차도 어디서 왔는지 해답의 실마리를 찾을 수 있습니다.

왕이 아무리 탁월한 능력을 가지고 있더라도, 설사 세종대왕이라 하더라도 궁궐을 혼자서 지을 수는 없습니다. 그러면 왕이 사는 궁궐은 도대체 어떻게 생기는 것일까요? '부역賦役'이라는 강제동원을 통해서 평민들을 궁궐 공사장에 동원합니다. 궁궐 공사에 동원된 사람들은 자신의 귀중한 '시간'을 들여서 왕이 살 건물을 짓고 공간을 꾸밉니다. 이렇게 수많은 평민들이 자신들의 '시간'을 들여서 지은 공간에 정작 평민들은 함부로 들어갈 수도 없습니다. 궁궐은 왕의 뛰어난 능력으로 건설되는 것이 아니라 수많은 평민들의 '노동시간'에 의해서 지어지는 것입니다. 하지만 왕은 자신의 권력을 통해서 그 수많은 평민들에게서 '노동시간'을 빼앗기 때문에 호화로운 궁궐을 자기 집처럼 쓸 수 있는 것이지요. 왕이 비단으로 똥을 닦을 수 있는 것도 비단 만드는 평민의 노동시간을 빼앗았기 때문에 가능합니다. 모든 물건은 결국 사람의 노동을 통해서 만들어지는 것이니까요.

만약 궁궐 공사에 동원된 그 수많은 평민들이 그 시간을 자기 자신과 가족을 위해서 쓸 수 있다면 좀 더 나은 생활을 할 수 있겠죠. 하다 못해 아이들을 위한 옷 한 벌이라도 만들 수 있을 테니까요. 반대로 왕의 경우, 자신이 그렇게 다른 사람의 노동시간을 빼앗을 수 없다면 절대로 그러한 엄청난 부를 누릴 수가 없습니다. 왕이 누리는 모든 부는 결국 다른 사람의 노동을 통해서 나오는 것이니까요. 왕이 혼자서 궁궐을 지을 수 있을까요? 왕이 혼자서 비단을 다 만들 수 있을까요? 직관적으로 이해하기 위해서 좀 단순화시켜서 얘기했지만, 조선시대의 엄청난 빈부격차는 한 사람이 다른 사람의 노동시간을 빼앗을 때 나오는 것을 알 수 있습니다. 물론 조선은 신분제 사회였기에 현대와는 다를 수 있습니다. 그러나 가진 자와 그렇지 않은 사람의 빈부격차는 크게 다르지 않습니다.

빈부격차는
능력의 차이인가

그러면 우리가 살고 있는 자본주의 사회는 어떻게 이런 엄청난 빈부격차가 생기는 것일까요? 빌딩을 수십 채씩 가지고 있는 부자들, 스포츠카를 종류별로 가지고 있는 부자들이 과연 그만큼의 엄청난 능력을 가지고 있기 때문에 그런 부를 소유하고 있을까요? 빌딩을 수십 채 가지고 있는 부자가 과연 혼자서 그 빌딩 수십 채를 지을 수 있을까요? 빌딩은 수많은 건설노동자들이 자신의 시간을, 즉 자신의 인생의 일부를 쏟아 부어야 생길 수 있습니다. 만약 그 사람들의 노동이 없다면 이 부자가 자신의 능력만으로 빌딩 수십 채를 만들 수 있을까요? 빌딩 수십 채를 가진 사람의 '능력'이란 이 수많은 건설노동자들의 시간을, 인생을 빼앗을 수 있는 능력이라고 정리할 수 있습니다. 조선시대의 왕은 수많은 백성들의 시간을 빼앗아서 자신이 사는 궁전을 지을 수 있는 '능력'이 있었습니다. 바로 조선시대의 신분제 사회가 왕이 백성들의 인생을 도둑질하는 행위를 정당화시켜준 것이지요. 그리고 우리 사회에서 엄청난 부를 누리는 극소수의 부자들도 역시 조선시대의 왕처럼 수많은 노동자들의 시간을 빼앗을 수 있는 '능력'을 가지고 있는 것입니다.

우리가 사는 자본주의 사회에서 극소수 부자들이 다른 이들의 시간을 빼앗을 수 있는 능력은 근본적으로 생산수단에 대한 사적私的 소유에 기인합니다. 기계나 생산설비, 공장 등의 생산수단을 사적으로 소유한 자본가들은 생산수단을 소유하지 못해 자신의 몸뚱이를 자본가에게 판매하지 않고서는 먹고 살 방법이 없는 사람들을 노동자로 고용해서 시간을 빼앗아갑니다. 생각해보면 많은 노동자를 고용한 자본가가 적은 노동자를 고용한 자본가보다 더 많은 부를 축적할 가능성이 높은 것은 당연합니다. 1만 명을 고용한 자본가가 노동자 1명당 하루에 1시간을 빼앗는다면 1만 시간을 도둑질하지만, 100명을 고용한 자본가가 1명당 하루에 1시간을 빼앗는다면 100시간밖에 안 되기 때문이죠. 대기업 회장들이 왜 그렇게 엄청난 부를 누리겠습니까? 임직원이 5만 명이라고 했을 때, 1명당 하루에 1시간씩만 빼앗아도 5만 시간입니다. 대기업 회장에게 물리학적으로 주어진 하루 시간은 24시간일지 모르지만 그는 이 같은 시간도둑질 과정을 통해 자신의 하루 시간을 5만 시간으로 늘려서 살 수 있는 것이죠.

약자의 시간을 훔치는
사회 시스템

왕이 수많은 백성들의 시간을 빼앗아서 자기가 살 궁궐을 으리으리하게 꾸미는 것이 올바른 일이 아닌 것처럼, 우리 사회의 극소수 부자들이 다른 사람의 시간을 빼앗아서 엄청난 부를 누리는 것도 당연히 올바른 일이 아닙니다. 만약 그 사람들이 자신의 시간을 빼앗기지 않고 자기 자신을 위해서 사용할 수 있다면 더 나은 삶을 살 수 있을 테니 말이죠.

백무산 시인이 쓴 「자본론」이라는 시가 있습니다.

> 줄잡아 그의 재산이 5조 원을 넘는단다
> 그 돈은 일 년에 천만 원 받는 노동자
> 50만 년치에 해당한다

한 인간이 한 세대에 50만 년이라는 인간의 시간을 착취했다

50만 년!

불과 1만 년 전에 인간은 처음 농사를 짓기 시작했다

5만 년 전에 크로마뇽인은 돌과 동물의 뼈로

은신처를 짓기 시작했다

10만 년 전에 네안데르탈인은 죽은 사람을 묻을 줄도 몰랐다

150만 년 전에 호모에렉투스가 유럽과 아시아에 첫 발을 디뎠다

500만 년 전에 침팬지와 구분이 어려운 인류의 시조

오스트랄로피테쿠스가 등장했다

현대 인간은 4만 년 전에 겨우 골격을 갖추기 시작했다

4만 년!

우리들의 투쟁이 돈이 아니라 돈으로 왜곡된 시간이 아니라

인간의 시간을 인생의 세월을 되찾는다는 것을

틀림없이 확인해야 한다

자신의 인생과도 싸워야 한다

– 「자본론」, 「인간의 시간」(창작과 비평사) 시집 중에서

이 시의 제목이기도 한 『자본론』은 독일의 유명한 사상가 카를 마르크스가 쓴 책입니다. 마르크스의 『자본론』이 사회주의나 공산주의에 관한 내용을 다루고 있는 책으로 잘못 알고 있는 사람들이 의외

로 많습니다. 마르크스의 『자본론』은 제목에 나와 있듯이 우리가 살고 있는 자본주의 사회를 분석한 책입니다. 『자본론』이 유명한 이유는 바로 우리가 살고 있는 자본주의 사회에서 일어나는 시간 빼앗기를 통한 빈부격차 현상을 수식을 통해 증명했기 때문입니다. 어떤 사람들은 마르크스의 『자본론』을 읽고 받은 충격을 영화 「매트릭스」에서 네오가 먹은 빨간약에 비유하는데 정말 적절하다고 생각합니다.

사실 저 자신도 마르크스의 『자본론』을 읽고 대단히 충격을 받았습니다. 그동안 가졌던 세계관 자체가 근본적으로 흔들리는 경험을 했으니까요. 더하기 빼기 곱하기 나누기 같은 간단한 수식으로 자본주의 경제체제 내에 존재하는 시간도둑질이 증명이 되니 정말 놀라지 않을 수 없었습니다. 우리가 소위 '노동의 대가'라고 받는 임금은 정확하게 계산을 해보면 우리가 일하면서 창출한 가치보다 작다는 것입니다. 그리고 우리가 임금으로 보상받지 못한 부분을 자본가가 훔쳐가기 때문에 자본가는 부자가 될 수 있다는 것이죠. 이를테면 내가 하루에 8시간을 일하고 그 대가로 받는 일당은 사실 4시간 정도의 노동시간에 대한 보상일 뿐이며 나머지 4시간은 착취당하고 있다는 것입니다. 『자본론』에서는 이것을 수식을 통해 증명해냈습니다.

물론 여기에서 마르크스 『자본론』에 나오는 시간 빼앗기 증명 과정을 자세하게 보여드릴 수는 없습니다. 하지만 자본주의 사회에 엄청난 빈부격차가 존재한다는 사실은 누군가가 다른 누군가의 노동시간을 훔치고 있기 때문이라는 사실을 직관적으로 느낄 수 있기를 바랍니다. 혹시라도 마르크스 『자본론』에 관심이 생겼다면 백문이 불여일견, 직접 읽어보는 것이 좋겠지요. 그런데 사실 『자본론』이 3,000페이지가 넘는 분량에 글도 무척 어렵기로 소문난 책입니다. 그래서 좀 쉽게 핵심을 알고 싶은 분은 마르크스 『자본론』을 쉽게 풀어 쓴 『원숭이도 이해하는 자본론』이라는 책을 참고하셔도 좋을 것 같습니다.

누군가가 나의 소중한 인생을 계속 훔치고 있다면 그것보다 더 화나는 일이 어디 있을까요? 엄청난 빈부격차가 생기는 진짜 이유는 누군가가 많은 사람들의 시간을 훔치고 있기 때문입니다.

시간을 훔치는 다양한 방법들

KOEI의 PC게임 삼국지 시리즈 잘 아시죠? 워낙 유명한 게임이라 시리즈가 10편 넘게 나오기도 했고 저도 한때 밤을 새워 열심히 중국대륙을 통일하던 시절이 있었습니다. 동탁과 여포가 나오던 시기로 게임을 시작하면 황건적 무리들이 나오는데 사악한 폭도로 등장합니다. 천하통일 왕조를 건설하기 위해서는 꼭 토벌해야 할 악의 무리들로 나오는데요. 사실 봉건시대 지배계급 입장에서는 황건적이 불순세력일지 모르지만, 당시 황건적은 착취와 수탈에 허덕이는 농민들의 입장을 대변해서 일어난 민중봉기의 성격이 강했습니다. 그래서 지금 다시 삼국지를 한다면 유비나 조조가 아니라 황건적의 두목인 장각으로 천하통일을 해보고 싶다는 생각이 듭니다.

이렇게 '황건적'이라는 특정한 현상을 볼 때도 어떤 입장과 방향에서 보느냐에 따라 불순세력이 될 수도 있고 민중혁명 세력이 될 수도 있습니다. 마찬가지로 현재 우리 사회에서 일어나고 있는 여러 가지 현상들도 '시간도둑질'이라는 또 하나의 시각에서 바라보면 이전에는 보지 못했던 사실들을 볼 수 있습니다.

비정규직과
시간도둑질의 관계

우선 우리 사회의 심각한 문제인 비정규직 문제를 생각해볼까요? 이 문제는 워낙 자주 언급되는 문제라 식상할 수도 있지만, 사실 비정규직 문제를 시간도둑질이라는 관점에서 보는 시각은 드문 것 같습니다. 일반적으로 비정규직은 정규직의 절반 정도밖에 안 되는 임금에 4대 보험도 제대로 보장받지 못하고 언제든지 해고될 수 있는 불안한 상황에서 일합니다. 그런데 똑같은 일을 하고도 임금을 절반밖에 못 받는다는 얘기는 시간도둑질이라는 관점에서 보면 똑같은 일을 하고도 정규직에 비해서 더 많은 시간을 도둑질 당한다는 얘기입니다. 같은 일을 하고도 돈을 조금 받으니 나의 노동시간에 대한 보상이 더 적어지고 그것은 결국 더 많은 시간을 빼앗기는 것이지요. 그러니까 비정규직으로 일을 하고 있는 사람은 정규직보다 더 많은 자신의 인생을 빼앗기고 있는 것입니다. 더 많은 인생을 도둑질 당하고 있으니 당연히 더 가난할 수밖에요. 반면에 비정규직을 쓰는 자본가의 입장에서는 정규직을 고용하는 것보다 비정규직을 고용하는 것이 더 많은 시간을 도둑질할 수 있기 때문에 더 수지맞는 일이 될 것입니다. 전경련이나 경총 같은 자본가 단체들이 비정규직 사용이 불가피하다고 주장하는 데에는 바로 이런 시간도둑질의 비밀이 숨어 있는 것이죠. 결국 도둑질하는 사람 입장에서 비정규직을 보느냐 도둑질 당하는 사람의 입장에서 비정규직을 보느냐에 따라서 이렇게 판단이 달라질 수 있는 겁니다.

대한민국 경제의 무서운 현실

겉으로 잘 드러나지는 않지만 금융상품 거래나 부동산 거래 같은 것에서도 시간도둑질이 발생합니다. 사실 따져보면 금융상품 거래나 부동산 거래 같은 것은 그 자체로는 아무런 가치도 창출하지 않습니다. 금융상품이나 부동산을 거래해서 떼돈 버는 사람들이 있는데 아무런 가치도 창출하지 않는다는 게 말이 되느냐고 반문하는 사람이 적지 않을 것 같습니다. 자, 그렇다면 머릿속에서 실험을 하나 해봅시다. 지금부터 지구상의 모든 사람들이 다른 일은 아무것도 안 하고 금융상품 거래와 부동산 거래만 한다고 가정합시다. 금융상품이나 부동산을 거래한다는 것은 금융상품이나 부동산의 소유권을 돈을 받고 사고파는 행위입니다. 단순히 얘기하자면 금융상품과 부동산의 소유주, 그리고 화폐의 소유주가 계속 바뀌는 것이죠. 이들 간의 교환행위만이 이루어지는 것입니다. 지구상의 사람들이 금융상품과 부동산, 그리고 화폐를 계속 교환한다고 없던 곡식이 생산될 수 있나요? 없던 건물이 생길 수 있을까요? 우리가 입을 옷은 생산될 수 있을까요? 당연히 그럴 수 없습니다. 왜냐고요? 우리에게 필요한 물건들은 누군가가 노동을 해야 생기기 때문이죠. 그런데 전 세계 사람들이 금융상품과 부동산 거래만 하고 있으면 상품의 소유자만 계속 바뀔 뿐, 새로운 가치가 창출되는 것이 아니라 기존의 재산들이 계속 재분배되기만 하는 것입니다.

도박판을 떠올리면 쉽게 이해할 수 있습니다. 도박은 새로운 가치를 창출하지는 못하지만 게임 참가자들의 부가 계속 재분배되잖아요? 내가 스트레이트 플러시 카드를 들고 다른 사람의 판돈을 챙길 수도 있는 반면에 풀 하우스를 들고 있는 상대방이 내 판돈을 가져갈 수도 있는 것처럼 말입니다. 하지만 그렇게 카드놀이를 계속한다고 없던 빌딩이 지어지는 것은 아니죠. 그렇다면 금융상품이나 부동산을 거래해서 많은 돈을 번 사람이 있다는 얘기는 결국 다른 한편에는 많이 잃은 사람들이 존재한다는 얘기가 됩니다. 도박판에서 딴 사람이 있다면 꼭 잃은 사람이 있는 것과 같은 이치지요. 제로섬^{zero sum} 게임인 것입니다. 이렇게 도박 게임을 통해서 다른 사람의 재산을 빼앗아 가는 것은 결국 그 사람이 열심히 시간을 들여서 획득한 부를 자신의 것으로 만드는 과정입니다. 결국 그 사람의 시간을, 인생을 도둑질하는 것이죠. 그렇기 때문에 금융상품 거래나 부동산 거래의 열풍이 부는 것은 사회가 병들어가고 있다는 증거입니다. 당연하지 않습니까? 열심히 일해서 새로운 가치를 창출해야 할 시간에 도박판이 벌어지고 있으니 말이죠. 온 국민이 도박에 열중하는데 그 나라가 발전할 수 있을까요? 전 세계를 강타한 미국 주택시장 거품 붕괴로 인한 경제 공황은 부동산과 금융상품이라는 최고의 도박판이 벌인 필연적 결과입니다. 이렇게 금융과 부동산 투기는 사회를 병들게 하지만 도박판에서 크게 한 몫을 챙기는 타짜들은 여기저기에 하우스를 만들고 선량한 사람들을 속여 시간을 도둑질하고 있습니다.

금융으로
식민지를 건설하는 시대

●

우리가 인식하지 못하는 가운데 시간도둑질은 국경을 넘어서 벌어지고 있습니다. 미국이 왜 단시일에 발전할 수 있었을까요? 물론 청교도 개척정신도 도움이 됐지만 사실은 아프리카에서 끌려온 흑인 노예들의 노동 때문입니다. 미국의 노예주들이 흑인 노예들의 시간, 그러니까 인생을 빼앗아서 자신의 것으로 만들었고, 그것이 대규모로 이루어졌기 때문에 미국이 그렇게 단시간에 엄청난 부를 창출할 수 있었던 것이죠. 역사를 통해 제국주의 국가들이 엄청난 부를 누릴 수 있었던 것은 식민지의 노동력을 착취했기 때문입니다. 제3세계의 열악한 노동환경과 상상도 할 수 없는 낮은 저임금은 결과적으로 제

3세계 노동자의 시간을 선진국이 도둑질해가는 결과를 낳습니다. 식민지가 가난한 만큼 제국은 부를 누린 것이지요. 식민지 나라 사람들의 시간과 인생을 엄청나게 도둑질했기 때문입니다. 만약에 제3세계 노동자들의 노동에 정당한 대가를 지불했다면 선진국은 결코 지금과 같은 막대한 부를 축적할 수 없었을 겁니다. 앞서 잠깐 언급했지만 현재 국경을 넘나들며 엄청나게 거래되는 금융상품들의 본질도 알고 보면 부유한 미국을 중심으로 한 서구 선진국들이 다른 나라의 재산을 빼앗아 가는 도박판에 다름 아닙니다. IMF 시기에 우리 국민들이 열심히 일궈놓은 그 알짜 기업들이 외국금융자본에게 헐값에 넘어가는 과정을 생각해보십시오. 예전의 제국주의가 총칼을 앞세워 식민지 국가 사람들의 시간을 도둑질했다면, 지금의 시장자본주의는 금융이라는 도박판을 앞세워 제3세계, 즉 신식민지 나라 사람들의 인생을 도둑질하고 있는 것이죠.

한 달 월급과
명품 가방

우리가 물건을 사는 소비행위에서도 시간도둑질이 일어납니다. 예를 들어 명품을 사는 것도 시간을 도둑질 당하는 것이지요. 150만 원짜리 명품 가방을 사기 위해 한 달 월급 150만 원을 지불하는 경우를 생각해봅시다. 고작 명품 가방 하나를 사기 위해 자신의 한 달 노동시간을 투자하는 경우를 어떻게 해석해야 할까요? 만약에 어떤 사람이 명품 가방 하나를 건네주면서 한 달 동안 자신이 시키는 일을 하면서 살라고 하면 누가 그런 제안을 받아들일까요? 그런데 적지 않은 사람들이 명품 가방 하나를 사기 위해서 자신의 한 달 노동시간을 갖다 바치고 있습니다. 좀 심하게 얘기하자면 명품 가방을 만든 브랜드 회사의 CEO에게 자신의 소중한 시간을 갖다 바치고 있는 것입니다. 정말 명품 가방을 그 정도로 중요하게 생각한다면야 말릴 수 없겠지만, 대부분의 경우는 명품이 부추기는 부질없는 허영심에 자신의 소중한 시간과 인생을 파는 것입니다.

만약 도둑질 당하는 시간을 측정할 수 있는 시계가 있다면 많은 사람들이 충격을 받을 것입니다. 생각보다 많은 시간을 도둑질당하고 있을 뿐만 아니라, 우리의 삶 곳곳에 도둑질 행위가 숨어있으니까요.

유학준비생 김지윤이
'고대녀'가 된 까닭은

한승수 전 총리를 꼼짝 못하게 만든 논리 정연한 언변, 고려대학교의 비민주적인 학교운영에 맞서서 제적과 삭발도 불사하는 용기, 그리고 용산 참사 투쟁에 참여하다가 경찰에 체포되기도 하는 등, 바늘로 찔러도 피 한 방울 안 나올 것 같은 투사 '고대녀' 김지윤 씨를 지난 2009년 12월 23일 고려대학교 근처 한 카페에서 만났습니다.

"고대녀, 출교, 삭발, 이런 이미지가 있는 것 같아요. 강철처럼 단련된 투사의 이미지요. 그런데 사실 출교될 때도 엄청 많이 울었고, 이번에 총학생회 선거에 낙선했을 때도 눈물이 많이 났어요. 원래는 낙선해도 안 울 줄 알았는데, 밤낮 다크서클로 줄넘기할 정도로 선거운동을 함께 한 친구들을 보니까 눈물이 많이 나더라고요."

"세상을 바라보는 올바른 시각을
갖고 싶었습니다"

2003년에 고려대학교 사회학과에 입학한 눈물 많은 김지윤 씨, 입학 당시에는 MBC 피디수첩의 PD가 되겠다는 꿈을 가진 평범한 학생이었습니다. 언론인이 되고 시사교양프로를 잘 만들기 위해서는 세상을 바라보는 올바른 시각을 가져야 된다는 생각을 가지고 시작한 학생운동. 이런 김지윤 씨가 평범한 대학생에서 사회운동에 관심을 갖게 된 계기는 좀 생뚱맞게도 저 멀리 인도의 뭄바이였다는군요.

"2004년에 전 세계 사회운동진영이 함께 모이는 〈세계사회포럼〉에 참석하기 위해 인도의 뭄바이에 갔습니다. 그런데 현지에서 저를 지목하면서 자기 아들에게 돈을 받아오라고 구걸을 시키는 인도인 어머니를 보았습니다. 다른 한쪽에는 거대한 최신식 고층 빌딩들이 즐비한데 한쪽에는 구걸하는 수많은 사람들. 정말 충격이었습니다. 또 한쪽에서는 세계사회포럼에 참여하기 위해 전 세계에서 온 10만 명의 사람들이 평화와 진보를 외치고 있었습니다. 인도의 불가촉천민들이 자신들의 권리를 주장하며 대규모로 행진하는 것도 보았고요."

인도의 충격적인 빈부격차는 김지윤 씨의 머릿속에 도곡동 타워팰리스와 바로 그 옆 포이동 판자촌의 풍경을 떠올리게 만들었습니다. 2005년에 학교 차원에서 베트남과 캄보디아 기행을 간 김지윤 씨는 그곳에서도 동일한 빈부격차를 보았습니다. 세계 어디나 빈부

"한쪽에는
거대한 최신식 고층 빌딩들,
한쪽에는 구걸하는
수많은 사람들.
정말 충격이었습니다."

격차가 심해지고 있다는 불편한 진실. 그러한 잘못된 현실에 저항하는 사람들이 전 세계 곳곳에 있다는 반가운 사실. 이것이 김지윤 씨가 사회운동에 눈을 뜨게 된 계기였습니다. 하지만 그때만 해도 사회운동을 하는 것이 자신의 삶에서 이렇게 큰 비중을 차지하게 될 줄은 몰랐다는군요.

"원래는 2006년에 해외유학을 준비중이었습니다."

학생운동에 몸담은 학생으로는 드물게 학점이 좋은 김지윤 씨는 자신이 꿈꾸던 언론인의 삶을 위해 유학을 준비중이었습니다. 그런데 마지막이라는 생각으로 당시 학생회 재선거를 도와주는 과정에서 학교의 부당한 행태에 맞서 투쟁을 벌이다가 출교를 당하게 되었습니다.

"저는 학생회장 같은 것을 한 적도 없었고, 학생운동을 나름 열심히는 했지만 그다지 눈에 띄는 학생도 아니었는데요. 그래서 출교되었을 때 엄청난 충격을 받았어요. 부모님께 말씀도 못 드렸고요. 유학을 가려던 계획도 다시 고민해야 했습니다. 운동을 시작하고 나서 처음으로 제대로 험한 꼴을 당한 거죠. 그리고 2년 동안 투쟁을 하고 결국 다시 학교로 돌아올 수 있게 되었는데요. 그 과정에서 이랜드 비정규직 투쟁, FTA 반대 투쟁, 시사저널 파업 등에 함께 했습니다. 시사저널 분들은 저희 출교당한 고대생들을 지지방문하기도 하셨죠. 그러면서 많은 것을 느끼게 되었어요. 결국 사회운동을 더욱 열심히 하겠다고 마음을 굳히게 되었습니다."

잘못된 현실,
그러나 눈 감은 사회

김지윤 씨는 평범한 대학생들과는 다른 시간을 보내면서 그런 시간을 보내지 않았다면 볼 수도 없고 알 수도 없는 다양한 사실들을 접하게 되었습니다. 유학을 준비하던 김지윤 씨를 사회운동의 길로 인도한 것은 주변의 좌파 선배도, 사회단체도 아니었습니다. 결국 잘못된 대학 사회의 현실, 그리고 잘못된 우리 사회의 현실이 김지윤 씨를 사회운동의 길로 안내했습니다. 물론 그녀 자신도 잘못된 현실의 피해자이기도 했으니 말이죠. 그러면서 그녀의 삶은 '살아지는' 시간에서 '살아내는' 시간으로 점점 바뀌어 갔습니다.

"촛불집회를 보고 감동을 많이 받았습니다. 1987년 6월의 민주화 항쟁에 대해서 잘은 모르지만, 그와 비슷한 상황이 내 앞에 펼쳐져 있다는 느낌이었어요. 꾸준히 토론하고 설득하면서 대학생들에게 현실의 모순을 알리는 것도 중요하지만, 역시 함께 경험을 하는 것이 정말 중요한 것 같아요."

하지만 요즘 대학생들이 과연 그런 경험에 눈을 돌릴 시간이 있을까요? 김지윤 씨가 얘기했듯이, 남학생들은 1학년 마치자마자 군대를 다녀와서 취업준비에 여념이 없습니다. 스펙을 위해서 복수전공을 하고 동아리 활동도 스펙에 도움이 되는 쪽으로만 하게 되고, 놀아도 맘 편하게 노는 학생들이 없을 정도라고 합니다. 그래도 희망을 놓지 않는 김지윤 씨.

"이번에 총학생회 선거를 하면서 '희망 3,000'이라는 슬로건을 내걸고 고대 학우 3,000명과 만나서 얘기하겠다는 운동을 벌였습니다. 그 과정에서 만난 대부분의 고대 학우들은 사회참여에 긍정적인 반응을 보였어요. 그리고 「고대신문」 설문조사에서도 나왔듯이 지난 총학생회의 사회참여에 대해 많은 지지를 보여줬고요. 최근에 고대에서 일하는 환경미화 노동자들이 학교 측의 부당한 대우에 맞서 투쟁하고 있는데요. 그 분들을 지지하는 서명운동을 벌였는데 며칠 만에 고려대 재학생 총 18,000명 중에서 1만 명이 넘는 분들이 서명을 해주셨습니다. 분명 사회참여에 대한 지지는 적지 않은 것 같아요. 단지 자신의 그런 마음을 행동으로 옮겼을 때 치러야 할 대가와 받게 될 불이익, 기회비용에 대한 두려움이 큰 것 같습니다."

그런 두려움을 넘어서 더 많은 사람들이 집회에도 참가하고 서명도 많이 하면 좋겠다는 얘기를 하면서, 김지윤 씨 자신도 1학년 때는 집회 나가자는 권유를 받으면 몸이 안 좋다는 핑계로 도망가기도 했다고 수줍어했습니다. 당시 김지윤 씨는 졸업에 필요한 학점을 거의 다 채운 상황이었습니다. 그래서인지 자신의 향후 진로에 대해 진지하게 고민하고 있는 듯 보였습니다. 다른 졸업생들과의 차이점이라면, 그녀에게는 다른 대학생들은 생각지도 못한 더 '많은' 선택지가 존재한다는 것이죠.

김지윤 씨가 앞으로도 빈부격차를 일으키는 모순된 사회구조에 맞서서 사회운동을 열심히 할지 안 할지 저로서는 예측할 수 없습니다. 그리고 김지윤 씨가 사회운동을 계속 열심히 한다고 하더라도 그것이 세상을 바꾸는 데에 얼마만큼 기여를 할지 저로서는 가늠할 수 없습니다. 하지만 이런 저로서도 확실히 말할 수 있는 것이 한 가지 있습니다.

김지윤 씨가 계속 자신의 신념을 버리지 않고 산다면 아무도 그녀의 시간을 도둑질할 수는 없다는 사실입니다. 왜냐하면 주도적으로 '살아내는' 그녀는 자신의 삶의 주인이니까요.

나의 시간을
돌려줘

'나는 무엇을 위해 사는가?' 고민하라

「빠삐용」이라는 영화가 있습니다. 영화팬이라면 누구나 아는 유명한 명화죠. 1973년에 만든 영화이니 저보다 더 나이가 많은 오래된 영화인데요. 어릴 적에 우연히 TV에서 「빠삐용」을 봤습니다. 당시에는 TV에서 방영한 주말의 명화를 소재로 학교에서 친구들과 침을 튀겨가며 얘기하는 것이 오락거리의 하나였는데요. 당시 친구들은 감옥에서 제대로 못 먹어서 배가 고픈 빠삐용이 바퀴벌레를 잡아먹는 장면에 대한 감상을 주로 얘기했던 것 같습니다. 그런데 저는 좀 다른 장면에서 큰 인상을 받았습니다. 아직도 잊을 수 없는 장면인데요.

빠삐용이 사막에서 재판을 받는 장면입니다. 실제 상황은 아니고 빠삐용이 꿈을 꾸는 상황인데요. 재판관인지 배심원인지 모를 사람들이 빠삐용을 심문하고 있습니다. 사실 빠삐용은 억울한 누명을 쓰고 감옥에 갇혀 있는 상황인지라 자기는 무죄라고 강하게 주장하지요. 하지만 재판관들은 전혀 예상치 못한 다른 죄를 들어 빠삐용에게 유죄를 선고합니다. 바로 '인생을 허비한 죄'입니다. 이 판결에 빠삐용은 고개를 떨어뜨리고 자신의 죄를 인정하지요.

당신의 인생을
허비한 죄

●

자신의 인생을 허비한다는 것, 그것은 다른 말로 자신의 시간을 허비한다는 말입니다. 사실 현대인들은 대부분 무척 바쁘게 살아가고 있습니다. 시간을 '허비'한다는 말 자체가 민망할 정도로 말이죠. 고등학생들은 잠자는 시간마저 줄여가면서 대학에 들어가기 위해 초 단위로 시간을 쪼개서 씁니다. 그런데 대학에 간다고 해서 사정이 크게 달라지지는 않는 것 같네요. 학교 수업 듣고 과제하기에도 벅찬데 취업 준비 때문에 영어 공부는 기본이고 스펙 쌓는 데에 여념이 없습니다. 잘 몰랐는데, 요즘 대학생들은 방학 때 학원을 많이 다닌다더군요. 직장인이 되면 더 바쁩니다. 대학 때는 수업 늦으면 과감하게 빠지면 되지만 직장에서는 출근 시간을 어기면 바로 '찍힙니다'. 퇴근

후에도 각종 회식이나 업무 관련 일들이 끊이지를 않지요. 대학 때는 방학이라도 있지요, 직장 다니면 여름휴가 일주일 빼면 아무 것도 없습니다. 평생 삶이 이렇다면 정말 숨 막히지 않나요?

그런데 대부분의 자기계발서들은 이렇게 빡빡한 시간을 쪼개고 쪼개서 1초도 낭비하지 말라고 조언합니다. 남들보다 일찍 일어나고 남들보다 늦게 자는 것만이 열심히 사는 삶, 열정적인 삶인 것처럼 표현합니다. 그래야 이긴다고, 그래야 승리한다고 말이죠. 그렇습니다. 대부분의 사람들은 이렇게 살고 있습니다.' 그런데 이렇게 정신없이 '살아지면서' 우리는 삶의 중요한 문제를 잊고 삽니다.

'나는 무엇을 위해 사는가?'

누구나 그렇게 살고 있기 때문에 아무런 의문도 가지지 않고 습관대로 사는 삶, 그런 삶이 계속되는 이유는 이 문제를 인식하지 못했거나 애써 피하고 있기 때문입니다. 이 문제에 답을 할 수 있느냐, 그렇지 못하느냐에 따라서 그저 '살아지는' 삶을 사느냐 힘껏 '살아내는' 삶을 사느냐가 갈립니다.

살아지는 삶 말고,
살아내는 삶

살아지는 삶을 사는 사람은 그 누구보다 열심히 살더라도 결국 자신의 삶이 아닌 타인의 삶을 살 수밖에 없습니다. 왜냐면 살아지는 삶이란 결국은 타인의 욕망이 반영된 삶이기 때문입니다. 타인의 욕망, 그것은 엄친아 자식을 두고 싶은 부모님의 욕망일 수도 있고 사원을 고용해 더 많은 이윤을 내려는 사장의 욕망일 수도 있고 제자를 통해 대리만족을 느끼고 싶은 스승의 욕망일 수도 있습니다. 물론 타인에게 인정받고 타인에게 필요한 사람이 되는 것도 좋습니다. 하지만 궁극적으로 시간은 나 자신의 것입니다. 타인의 욕망을 채우기 위해 살아지는 삶은 결국 나의 소중한 시간을 타인의 욕망에 의해 빼앗기는 삶에 다름 아닙니다.

그렇기 때문에 빼앗긴 시간을 되찾기 위해서는, '살아내는' 삶을 살기 위해서는 '나는 무엇을 위해 사는가?'라는 삶의 근본적인 질문에 정면으로 맞서야 합니다. 그리고 설령 남들은 납득하지 못하더라도 자기 자신은 납득할 수 있는, 그래서 그것을 목적으로 삶을 살아낼 수 있는 그런 답을 찾아야 합니다. 사는 이유가 없는 삶, 그저 바쁘게 하루하루가 살아지는 삶, 그런 삶은 설령 미국 대통령보다 더 바쁘게 살더라도 인생을 허비하는 것입니다. 빠삐용이 영화에서 판결을 받듯 그렇게 사는 삶은 '유죄'입니다.

앞서 얘기한 김지윤 씨의 경우, 일반 대학생들의 입장에서 보면 김지윤 씨의 삶의 방식을 납득할 수 없을지도 모릅니다. 고려대학교를 다니고 학점도 좋은 친구가 일반적인 시각에서 보았을 때 결코 성공적인 삶으로 보이지 않는 사회운동의 길을 선택하니까요. 하지만 제가 만난 김지윤 씨는 스스로가 '살아내는' 삶에 매우 만족하고 있었습니다. 그것은 김지윤 씨가 '나는 무엇을 위해 사는가?'라는 삶의 근본적인 질문에 대한 스스로의 답을 찾았기 때문입니다. 설사 나중에 자신이 선택한 답에 실망을 하더라도 김지윤 씨는 결코 다른 사람을 탓하지는 않을 것입니다. 스스로가 선택하고 살아낸 삶이기 때문이죠.

뭉쳐서 함께
고민하라

●

'나는 무엇을 위해 사는가?'라는 질문에 답을 찾는 것이 빼앗긴 시간을 찾는 중요한 조건인 것은 분명합니다. 하지만 이것만으로는 부족합니다. 이미 얘기했듯이 우리 사회의 곳곳에는 우리가 알게 모르게 시간도둑질 구조가 숨어 있기 때문입니다. 이런 구조가 변하지 않는 상황에서 나의 생각만 깨어나는 것은, 노예가 자신의 노예적인 삶은 그대로인 상태에서 생각만 자유로워지는 것과 마찬가지이기 때문입니다. 이것은 아무리 좋게 보더라도 절반의 자유일 뿐입니다.

하지만 개인의 힘만으로는 이런 불합리한 사회구조를 바꾸는 것은 거의 불가능합니다. 솔직히 개인의 힘만으로 무엇을 할 수 있을까요? 다니던 회사의 사장에게 '나는 이제 더 이상 내 시간을 빼앗기지 않겠다!'라고 선언하면 그날로 다른 일거리를 찾아야 할 겁니다. 결국 노동자가 믿을 것이라고는 다수의 힘뿐입니다. 그래서 의식 있는 노동자들은 노동조합으로 단결해서 자본가의 부당한 요구에 맞서 정당한 권리를 얻어내기도 하고, 기득권층만을 대변하는 정치를 바꾸기 위해서 민주노동당이나 진보신당 같은 진보정당을 만들기도 합니다.

요즘 복지국가를 만들자는 얘기가 정치권에서 유행처럼 번지고 있는데요. 우리는 유럽의 복지사회를 부러워하면서도 정작 그런 복지사회를 가능하게 했던 유럽 국가들의 노동조합과 진보정당에는 전혀 관심을 두지 않습니다. 유럽의 복지는 어디 하늘에서 떨어진 것이 아닙니다. 복지국가의 대명사로 많이 회자되는 북유럽의 스웨덴도 국민의 지지를 받는 강력한 노동조합과 진보정당이 기득권세력의 온갖 위협과 반대를 다수의 힘으로 이겨내고 복지정책을 추진했기 때문에 가능했습니다. 복지란 결국 국가권력의 힘으로, 기득권층이 빼앗은 시간을 다시 서민들에게 돌려주는 것입니다. 그럼에도 불구하고 우리 사회의 모습은, 한쪽에서는 복지의 중요성을 얘기하면서도 다른 한편으로는 복지정책을 추진할 주체인 노동조합과 진보정당에는 관심도 없을 뿐만 아니라 오히려 '빨갱이'로 낙인을 찍어서 비난하는 이율배반적인 상황입니다.

독일의 신학자이자 목사인 마르틴 니묄러가 아돌프 히틀러와 나치의 횡포에 침묵하는 지식인들을 비판한 시를 소개합니다.

「그들이 처음 왔을 때」 - 마르틴 니묄러

나치가 공산당원에게 갔을 때,
나는 침묵했다;
나는 공산당원이 아니었으니까.

그들이 사회민주당원들을 가뒀을 때,

나는 침묵했다;

나는 사회민주당원이 아니었으니까.

그들이 노동조합원에게 갔을 때,

나는 항의하지 않았다;

나는 노동조합원이 아니었으니까.

그들이 유태인에게 갔을 때,

나는 침묵했다;

나는 유태인이 아니었으니까.

그들이 나에게 왔을 때,

항의해줄 누구도 더 이상 남지 않았다.

우리 자신의 이익을 대변하는 노동조합과 진보정당에게 관심과 지지를 보내지 않는다면 노동조합과 진보정당은 결국 힘을 잃고 사라질 수밖에 없습니다. 그때가 되면 아무도 우리의 이익을 대변하지 않습니다.

후회해도 이미 때가 늦지요. 결국 우리들의 도둑질당한 시간을 되찾아올 방법은 없어지고 마는 것입니다.

웃음이
우리의 무기

때는 2005년 4월 30일, 노동절 전야제입니다. 노동조합과 진보정당으로 뭉친 의식 있는 노동자들이 전국에서 대규모로 모이는 날이죠. 매년 나아질 것이 없는 노동자의 삶만큼이나 팍팍한 분위기는 아랑곳하지 않고 금방이라도 노동해방과 사회혁명을 이뤄낼 것 같은 구호들이 여기 저기 난무합니다. 하지만 안타깝게도 강력한 구호만으로 세상이 바뀌는 것은 아닙니다.

"분위기가 엄혹하잖아요. 그런데 우리는 웃기는 것밖에 못하고요. 고민 끝에, 노동절을 맞이해서 사장들도 데모를 하는 것을 만들었어요. '자본가가 왕이 되는 세상은 언제 오는가!'라고 하면서 임을 위한 행진곡에 맞서서 이윤을 위한 행진곡을 부르는 거죠. '자본도 부동산도 모조리 남김없이…….' 노동절 전야제를 통틀어서 유일하게 우리 공연이 웃기는 것이었는데, 사람들이 무척 좋아하는 거예요. 인터넷 뉴스에도 나오고, 그 다음부터 여기 저기 불려 다니기 시작했죠. 사람들이 목말랐던 것 같아요. 그런 집회나 데모에서 웃고 싶은데, 항상 엄숙하니까요."

내가 머물러야 할 곳

●

2005년의 노동절 전야제에서 「신자유를 쏘다」라는 공연으로 메가톤급 웃음보를 터트리며 혜성처럼 등장한 '정의로운 천하극단 걸판'. 지난 2010년 1월 22일, 안산시 상록구에 위치한 걸판의 연습실에서 연출 및 상임작가 겸 배우인 오세혁 씨를 만났습니다.

"걸판의 장점은 이런 것 같습니다. 일반적인 집회에 가면 공연에 필요한 시스템도 없고, 핀 마이크도 없고, 앰프도 없잖아요. 그런 상황에서도 보탬이 돼야 하니까, 마이크 두 개만 있어도 되는 공연을 만듭니다. 그래서 의상만 들고 가서 공연하는 거죠. 베네수엘라 차베스 대통령을 흉내 내는 연설극이 그런 예죠. 이렇게 편하게 다닐 수 있다 보니까 부르는 분들도 편하게 부르는 것 같습니다. 창작의 유동성과 공연 형식의 단출함이 우리의 장점입니다. 서로 없이 사는 것을 확인하는 거죠. 하하하."

걸판이 공연하는 극의 시나리오를 직접 쓰는 오세혁 씨는 입담만큼이나 글발도 좋다고 소문이 나 있습니다. 노동자문예지 「삶이 보이는 창」이나 인터넷진보언론 「민중의소리」 같은 매체들에 꾸준히 고정칼럼을 기고하고 있으며, 『미국과 맞짱뜬 나쁜 나라들』이라는 책에서 쿠바 편을 맡아서 집필한 저자이기도 하죠. 얼마 전인 2011년 초에는 부산일보와 서울신문 신춘문예 희곡 부문에서 동시에 당선되기도 했습니다. 지금도 극단 활동을 하면서 틈틈이 글을 쓰고 있는 오세혁 씨, 그가 문예운동에 발을 들여놓게 된 출발지는 학교였습니다.

한양대학교 안산캠퍼스의 풍물 동아리 '한우리' 출신인 오세혁 씨는 같은 동아리 선배인 김태현 씨(극단 걸판 대표)와 함께 극단을 만들기로 결심하고 2005년 3월에 극단 걸판을 창립했습니다. 2000년에 언론광고사회학부에 입학한 오세혁 씨는 풍물패 '한우리' 활동을 열심히 하게 된 이야기를 그답게 풀어냈습니다.

"2학년 때 사회학과 전공 수업에 처음 들어갔습니다. 프랑스 사회학자 콩트에 대해서 배우는데 교수님이 갑자기 질문을 하시더라고요. 여기 우리가 앉아 있는 것이 의자인데, 이것의 본질은 과연 의자냐고 물어보시는 거예요. 다음 주에 그 문제에 대해서 얘기하자고 하시대요. 그래서 그 이후로 수업에 안 들어갔죠, 하하하. 동아리 활동 하면서, 풍물 치고 연극하고 집회에도 참가했습니다."

웃음에도
용기가 필요한 이유

●

'가장 정치적인 얘기를 가장 재미있게 풀어낸다.' '결판을 원하는 곳
이 있다면 어디든지 간다.'

이것이 결판을 만들면서 세운 원칙들이라고 합니다. 그래서일까
요? 결판이 다니는 곳들은 비정규직 투쟁의 현장, 용산 철거민 참사
의 현장, 쌍용자동차 정리해고 반대 투쟁의 현장, 미디어 악법 반대
투쟁의 현장뿐만 아니라 공원, 역전, 회사 식당, 학교, 비닐하우스 등
상상 가능한 모든 곳이었습니다. 엄숙하고 비장하고 가슴 막막한 투
쟁의 현장에서, 어찌 보면 전혀 어울리지 않을 것 같은 '웃음'을 전파
하고 있는 결판에게 그들이 추구하는 웃음에 대해 물어보았습니다.

"사람들이 웃는 이유가, 보통 하는 짓이 웃겨서 웃을 수도 있지만
사회적으로 모두가 공감하는 본질을 건드렸을 때 웃는 것 같습니다.
저희 공연을 보시는 분들은 대단한 사람들이 아니고 그야말로 보통
사람들입니다. 대부분의 사람들이 어려운 상황에서 겁이 나고 나약
해지고 우물쭈물하게 되잖아요. 청소 일을 시작했는데, 잘릴 것 같
아서 농성천막을 쳤단 말이에요. 그런데 나이도 50이 넘었고, 어떻
게 해야 될지도 모르겠고, 계속 해야 하나 말아야 하나 갈등하게 되
죠. 그럴 때 우리는 '사실 이런(겁 많은) 사람 많아요. 하지만 우리는 혼
자가 아니고 함께 있잖아요. 조금 더 용기를 내봅시다'라는 이야기를
웃음을 통해 전달합니다. 이런 웃음을 통해서 조금 더 용기를 내는

거죠."

걸판의 웃음은 '용기'의 웃음입니다. 어렵고 힘들고 길이 막혀서 좌절할 때, 그것을 돌파할 수 있는 용기를 일으키는 웃음 말이죠. 노동자와 서민이 웃을 일이라고는 요만큼도 없는 작금의 상황에서 사람들의 웃음보를 들었다 놨다 하며 용기를 불어넣고 있는 걸판의 활동은 분명 소중합니다. 하지만 소중하고 필요한 일이라고 해서 누구나 할 수 있는 것은 아닙니다. 소위 배고픈 일이기 때문이죠. 어려운 상황에서도 이런 활동을 지속하게 만드는 힘은 어디서 나오는지 궁금해서 물어보았습니다.

"당진에서 여성의 날 행사를 했을 때의 일인데요.「열녀열전」이라는 여성 마당극을 공연했습니다. 홈에버 비정규직 노동자들의 투쟁을 다룬 내용이 나오는데요. 공연을 끝내고 대기실에 있는데 아주머니 한 분이 오시더니 만 원짜리 한 장을 주시면서 공연 잘 봤다고 커피 사 먹으라고 하시는 거예요. 저희는 당황해서 사양을 했죠. 그런데 아주머니가 갑자기 눈물을 흘리시는 거예요. 아주머니는 말없이 만 원을 쥐어주시고 대기실 밖으로 뛰어나가셨어요. 걸판 대표님이 급히 아주머니를 따라 나가셨죠. 돌아와서 대표님이 아주머니의 얘기를 들려주셨죠. '……내가 노동자라 그래요.' 이렇게 말씀하셨다더군요. 그 아주머니는 청소 노동자이신데 그날 우리의 공연을 보고 감동을 받으셔서 찾아오신 거였어요. 커피 한 잔이라도 사주고 싶어서 부끄러움을 무릅쓰고 대기실로 찾아오신 겁니다."

온 국민이 용기를 낼 수 있는
그날까지

오세혁 씨는 비정규직 노동자의 얘기를 다룬 「그와 그녀의 옷장」을 공연하면서 비정규직 투쟁을 하는 기륭전자 노동자들에게 고맙다는 얘기를 들었을 때도 힘이 나고 보람이 느껴졌다고 했습니다. 이것이 오세혁 씨가 힘들더라도 결판 활동을 그만 둘 수 없는 이유라고 합니다.

"사랑 얘기나 부부 갈등, 아니면 아동극만 해도 형편이 지금보다 훨씬 좋아질 수 있겠죠. 아니면 곧바로 대학로에 진출해서 코미디극을 할 수도 있겠고요. 인기를 끌 자신은 있거든요. 사실 제안도 많이 받았고요. 하지만 우리가 결판을 만든 목적이 분명히 있으니까요."

사실 결판은 이미 운동권에서는 탄탄하게 입지를 굳힌 극단입니다. 집회에 자주 참석하는 사람이라면 결판의 공연을 여러 번 접했을 겁니다. 심지어 집회를 감시하기 위해 온 정보과 형사도 결판을 알아보고 "안산에서 또 웃기려고 오셨나?'라고 말을 걸 정도라고 하네요. 나중에 이 정보과 형사는 구석에서 공연을 보면서 혼자 배꼽을 잡고 있더랍니다. 그러나 일반 대중들에게는 아직 잘 알려지지 않은 것은 분명 사실입니다. 좀 더 많은 대중들에게 다가서기 위해서, 결판은 다양한 아이디어로 미래를 준비하고 있었습니다.

"더 많은 대중들을 만나기 위해서 다양한 방식을 고민하고 있습니다. 인터넷 방송국과 제휴를 통해 옛날 콩트 식으로, 예를 들어 「네로

"가장 정치적인 이야기를
가장 재미있게 풀어냅니다."

25시」같은 식으로 시사만평을 하는 고정 콘텐츠를 제작할 계획을
가지고 있습니다.”

미래의 어느 날, 걸판이 만든 동영상이 인터넷에서 화제가 된다면
분명 그 날은 온 국민이 용기를 낼 수 있는 날이 될 것입니다. 걸판이
전하는 웃음으로 이미 ‘용기’를 얻은 수많은 노동자들이 바로 산 증
인들이니까요. 우리가 조금 더 용기를 낼 수 있다면 그만큼 더 행복
해질 수 있지 않을까요? 웃음으로 용기를 주는 극단 걸판과 오세혁
씨에게 “항상 그 자리에 있어줘서 고맙습니다”라고 말하고 싶습니다.

희망의 조건

지금 우리에게는
무엇이 필요한가?

'강하다'는 것은 '약함'을 아는 것……

'약하다'는 것은…… '겁을 내는' 것……

'겁을 내는' 것은…… '소중한 것을 가지고 있다'는 것……

'소중한 것을 가지고 있다'는 것은…… '강하다'는 것이지.

– 만화 「20세기 소년」 중에서

안 굶어 죽으니까
쫀쫀하게 살지 마라

미국 역사상 최악의 대통령 중 한 명으로 꼽히는 조지 W. 부시 대통령. 한 좌파 지식인은 세계의 양심이 살아있다면 그가 나이 들어 사망하기 전에 전쟁범죄를 일으킨 범인으로 처벌하고 평생 동안 감옥에 집어넣어야 한다고 말합니다. 수많은 이라크 군인과 민간인, 그리고 미국 군인의 생명을 앗아간 이라크 전쟁은 근거 없는 '불안감'에서 시작되었기 때문입니다. 부시 대통령은 이라크가 대량살상무기를 보유하고 있다는 거짓말로 미국 국민들을 '불안감'에 휩싸이게 해서 제국주의적 침략을 정당화했다는 것입니다. 이런 불안감은 부시 대통령과 한패거리인 보수 언론들에 의해서 확대되고 증폭되었습니다. 사실은 석유와 제국주의적 패권 유지를 위한 더러운 전쟁이었지만요. 실제 이라크는 대량살상무기를 보유하고 있지 않았던 것으로 밝혀졌지요. 설사 이라크가 대량살상무기를 보유하고 있다한들 미국을 침공하겠습니까? 미국 국민들은 근거 없는 불안감 때문에 '전쟁광' 부시 대통령의 이라크 침공을 받아들였습니다.

대중의 불안을 담보로
획득하는 권력

사실 사회를 자신의 뜻대로 통제하려는 권력층에게는 대중들의 '불안감'은 필수불가결한 요소입니다. 재벌 같은 경제적 기득권 세력들은, 사회복지가 사람들을 게으르게 만든다면서 복지를 축소하고 모든 것을 시장 논리에 맡겨야 한다고 주장합니다. 만약 우리 사회가 실업수당도 넉넉하게 나오고 기본적인 의료나 교육을 국가가 무상으로 제공하는 복지 시스템이 잘 갖춰져 있다고 생각해봅시다. 그러면 노동자들은 생계에 대한 '불안감'이 대폭 줄어들 것입니다. 그렇게 되면 회사에서 부당한 일을 당했을 때 더 당당하게 자신의 권리를 주장할 수 있게 됩니다. 상황이 이렇게 되면 경제적 기득권 세력들은 자신의 뜻대로 노동자를 통제하고 부려먹기 힘들게 됩니다. 사회복지가 제대로 확충되어 있지 못해서 생기는 '불안감'을 통해 경제적 기득권 세력들은 노동자를 비정규직 등으로 채용해 비용을 줄이고 자신의 이익을 챙깁니다.

　마케팅에서도 대중들의 불안감을 활용합니다. 남들이 다 최신형

제품을 쓰고 있는데 나만 쓰지 못하면 왠지 뒤처지는 것 같은 불안감에 충동적으로 제품을 구입한 경험은 우리 주변에서 매우 흔한 일입니다. TV나 라디오 광고를 접하다 보면 '너 아직 그것도 몰라?' '너 아직도 그 물건 안 샀어?' 등의 불안감을 부추기는 멘트들이 심심치 않게 등장합니다. 옷 같은 경우도 유행이라는 명분을 내걸고 끊임없이 계절마다 소비를 부추깁니다. 유행에 따라 옷을 입지 않으면 마치 외계인이라도 되는 듯 호들갑을 떨면서 불안감에 예상을 벗어나는 소비를 하게 됩니다.

이와 마찬가지로 우리 속에 내면화되어 있는 '불안감'은 우리 자신의 행동방식을 특정 방향으로 유도하는 역할을 합니다. 물론 불안감이 항상 나쁜 것은 아닙니다. 현명한 불안감은 혹시라도 입을지 모를 큰 재난을 피할 수 있게 해주며 실패와 오류의 가능성을 줄일 수 있게도 해줍니다. 하지만 근거 없는 불안감이라면 얘기가 다릅니다. 그것은 우리가 올바른 선택을 하는 데에 방해가 될 뿐만 아니라 미래의 다양한 가능성을 미리 차단해버리기도 합니다. 굶어 죽을지도 모른다는 근거 없는 불안감에 자신의 꿈을 포기하는 경우가 적지 않은 것이 우리 사회의 모습이니까요.

"안 굶어 죽으니까 쫀쫀하게 살지 마라."

어느 날 신문을 읽다가 숨을 잠시 멈췄던 글입니다. 인권변호사이자 참여연대의 등의 시민단체 활동으로 잘 알려진 박원순 변호사가 청년들을 대상으로 강연을 하던 중에 다음과 같은 얘기를 했다고 신문에 나오더군요.

"절대로 안 굶어 죽는다. 쫀쫀하게 굴지 마라. 뭐가 무서워서 이 젊은 나이에 먹고 사는 것에 쩔쩔매고들 있나. 여러분의 끼를 발산해라. 거친 삶을 살아라. 훨씬 가치 있고 보람 있다. 남들 다 가는 고속도로보다 좀 위험이 있다고 해도 다른 길을 가라."

그러고 보니 그동안 살아오면서 제 주변에 굶어 죽었다는 사람을 본 적이 없습니다. 특히 제 주변에는 세상의 시선에 굴하지 않고 더 나은 세상을 꿈꾸며 좌파 운동에 투신한 사람들이 많은데요. 일반의 상식대로라면 우리 사회에서 가장 굶어 죽을 가능성이 높은 사람들일 겁니다. 그런데 그들 중에도 제가 아는 한 굶어 죽은 사람이 단 한 명도 없습니다. 혹시 굶어 죽지는 않더라도 영양실조 아니냐고요? 오히려 잘 먹어서 배가 나온 사람도 적지 않습니다.

수동적인 삶이냐
진짜 원하는 삶이냐

●

사실 이 글을 쓰고 있는 저 자신도 마찬가지입니다. 저는 소위 최고 학부라는 서울대를 나왔지만 이른바 비주류의 삶을 살고 있습니다. 대기업 취업도 아니고 교수나 박사가 아닌 더 나은 세상을 만들기 위해 사회운동가의 삶을 선택한 저는 사회의 잣대로 판단했을 때 '루저'라고 표현할 수도 있겠습니다. 그래도 아직 안 굶어 죽고 있습니다.

저는 대학 때 전자공학 계통을 전공했습니다. 사람들이 제 전공을 알면 깜짝 놀라더군요. 대학원에도 진학해서 반도체 소자를 만드는 공정을 연구해서 석사 학위를 받았고요. 졸업 후에는 관련 직장에서 5년 정도 근무를 했습니다.

하지만 솔직히 얘기하자면 전자공학이 뭔지도 정확히 모르는 상태에서 대학에 지원했습니다. 고등학교 때는 그저 입시공부만 죽어라 했지, 인생의 진로에 대해서 진지하게 고민해볼 기회가 없었거든요. 우리나라의 교육이 제대로 되어 있다면 당연히 고등학교 때에 인생의 진로에 대해 고민할 기회를 많이 주어야 할 텐데 말입니다. 그런데 대학 입학 후 이전까지는 없었던 자유를 누리고 다양한 것들을 접하면서 세상을 보는 눈이 바뀌었고 저 자신의 인생을 대하는 자세가 달라졌습니다. 진짜 행복하게 사는 것은 무엇일까, 올바른 삶이란 무엇일까, 이런 문제들이 제 머릿속에 차지하는 비중이 커질수록 그동안 중요한 문제라고 생각해왔던 것들이 점점 구석으로 밀려나게 된 것이죠.

물론 남들이 차를 사서 몰고 다닐 때 나는 대중교통을 이용해야 한다든지, 근사한 호텔 레스토랑에서 맛있는 음식을 먹기가 힘들어진다든지, 명품 옷과 명품 가방을 사서 한껏 멋을 내는 일은 포기해야 하는 등 불편함이 따를 수는 있습니다. 어쩌면 그보다 조금 더 불편해질지도 모르겠습니다. 만약 제가 대학 시절의 전공을 살려서 근사한 직장에 다니고 높은 연봉을 받고 있다면 앞에서 언급한 호사들을 누릴 수도 있었겠지요. 하지만 확실한 것은, 제가 진짜 원하는 일을 포기하고 그저 대학 시절의 전공에 맞춰서 수동적인 삶을 살았다면 지금과 느끼고 있는 행복과 자부심, 그리고 보람됨을 경험하지 못했을 거라는 사실입니다.

여러분, 근거 없는 불안감에 사로잡혀 아직도 자신이 진정으로 원하는 것을 포기하고 있지는 않나요? 자신이 진정으로 원하는 일을 하면 떼돈을 벌 수 있다거나, 꼭 성공할 수 있다는 식의 뻔한 거짓말은 솔직히 못하겠습니다. 하지만 이 말만큼은 확실히 말씀드릴 수 있을 것 같네요.

"안 굶어 죽으니까 쫀쫀하게 살지 마라!"

빈털터리 청춘,
그녀의 인생 정답 찾기

한겨레신문이나 「시사IN」 등의 진보적인 매체를 주로 보는 사람들에게 '김현진'이라는 이름 석 자는 낯설지 않습니다. 그녀가 쓰는 고정 칼럼 때문이기도 하겠지만, 다른 한편으로는 칼럼 박스 안 사진의 흔치 않은 탁월한 미모 때문이기도 하죠. 실제 김현진을 인터뷰한다고 주위의 지인들에게 얘기하니 인터뷰에 따라 가겠다는 의사를 표명하는 사람('남자')도 있을 정도였습니다. 그러나 사진 속의 교양 있고 도도한 갑부집 막내딸 이미지는 직접 만난 지 1분 만에 박살났습니다.

"단칸방에서 부모님과 셋이 살고 있어요."

그녀는 가난을 전혀 부끄러워하지 않았습니다.

가난이 죄인가요

그녀가 18살 때 쓴 책 『네 멋대로 해라』에는 지긋지긋한 가난에 대한 생채기가 곳곳에 스며 있습니다. 웬만한 여자아이라면 하나씩 가지고 있는 인형이 없어서 한숨짓던 18세의 소녀는, 어느덧 인형이 없는 현실을 아무런 감정적 동요 없이 씩씩하게 얘기하는 28세(2009년 당시)의 여성이 된 것이죠.

"저는 한 번도 제가 진보라고 생각해본 적이 없었어요. 그냥 저 자신이 사회적 약자라서 그런 입장을 취했어요. 저는 무직이죠, 여자죠, 무산계급이죠, 철거민이었죠, 지금은 철거될 집도 없군요, 하하. 저는 그냥 제 계급의 입장을 대변할 뿐이에요."

일간지와 주간지에 정기적으로 칼럼을 기고하고, 책도 여러 권 낸 저자가 왜 돈이 궁하냐고 의아해하는 사람이 있을 겁니다. 솔직히 몇 권의 책을 쓰고 매체에 기고를 하는 그런 일들로는 생활비는 고사하고 용돈벌이조차 쉽지 않습니다.

분노해야 할 때
분노할 수 있는 힘

"한국에서 여성이 외모로 이득을 보려면 성가대 반주자 같이 예뻐야 해요. '나는 내 외모로 아무런 수작도 안 할 것이고, 너를 함정에 빠뜨리지 않고…….' 이런 교회누나 성당누나 이미지가 아니고서는 이득을 볼 수 없죠."

일부러 처음부터 불편한 질문을 했습니다, 외모 때문에 손해본 일 없냐고. 질문이 끝나기 무섭게 곧바로 이런 대답을 서슴지 않고 하는 것을 보면, 정말 갑부집 막내딸 같은 외모 때문에 오해와 편견을 많이 받은 듯 했습니다. 하긴, 비정규직 문제로 장기간 파업을 했던 기륭전자의 단식투쟁에 결합해서 무려 몸무게가 10kg 이상 줄어들 정도로 치열하게 단식을 했을 때도 다이어트 하려고 참여한다는 말까지 들었다고 하니까요.

그녀의 얘기를 듣다보니 왜 28세의 그녀가 『누구의 연인도 되지 마라』라는 제목으로 연애서를 출간했는지를 이해할 수 있었습니다. 사실 저도 김현진이라는 사람에게 편견을 가지고 있었습니다. 그녀가 쓰는 칼럼의 내용으로 미루어 짐작하건대, 그녀는 '운동권'이나 '활동가'일 것이라는 편견을 갖고 있었으니까요. 그래서 연애서를 출간했다는 소식을 접했을 때 좀 의아했습니다.

하지만, 그녀는 사실 '운동권'이나 '활동가'라는 단어와는 관계없이 그저 자신의 감정의 흐름에 충실하게 살아 왔다고 합니다. 막장으로 치닫는 교육환경에 맞서 고등학교를 자퇴하기도 하고, 비정규직 문제에 분노해서 단식투쟁에 참여하기도 하고, 용산 철거민들의 죽음에 분노해서 길거리로 나서는 등, 그녀는 분노해야 할 때에 분노한 것이죠. 마찬가지로 그녀는 20대의 여자로서 사랑을 고민해야 할 시기에 치열하게 사랑을 고민했고, 『누구의 연인도 되지 마라』는 바로 그러한 자신의 솔직한 감정과 직·간접적 경험을 담은 책입니다.

"20대에는 꼭 쓰고 싶은 책이었어요."

그녀는 주로 몇 권의 책의 저자와 에세이스트로 알려져 있지만, 사실 얼마 전까지만 해도 게임 만드는 회사에서 시나리오를 쓰는 회사원이었습니다. 한국예술종합학교에서 시나리오를 공부하는 그녀는 멋진 게임 시나리오를 쓰고 싶었다는군요.

자본의 울타리 안에서
일해야 하는 힘겨움

●

"2001년에 플레인 스케이프 토먼트PLANE SCAPE TORMENT라는 롤플레잉 게임을 했는데요. 엔딩을 보고 펑펑 울었어요. 정말 스토리가 대단했거든요. 나도 이런 걸 해야지 생각했습니다. 요즘에는 온라인 게임이 대세입니다. 그래서 온라인 게임에 스토리 라인을 부여하고 싶었는데요. 온라인 게임 대부분이 음성적으로 형성된 아이템 판매 위주로 운영하다보니 스토리 라인을 만들기가 어려워요. 게임 제작 환경이 열악하다보니 바로 결과가 나와야 하고요. 게다가 한국의 게임 회사는 인력 교체가 굉장히 빠르고 이직도 많습니다."

하지만 게임 시나리오 작가로서의 이상과 음성적 아이템 판매 위주로 돌아가는 현실 사이의 갈등은 역시 극복하기 쉬운 것은 아닙니다. 게다가 자본주의 사회는 자본을 대는 사람이 주인이니까요. 시나

“오쿠다 히데오의
『남쪽으로 튀어』 같은
독특한 스타일의 소설을
써보고 싶습니다.”

리오 작가의 자유는 자본을 댄 주인이 친 울타리 안에서만 가능한 것입니다. 김현진 씨는 이와 비슷한 문제를 이미 다른 분야에서 경험했습니다. 그녀가 시나리오를 담당한 영화 「언니가 간다」는 전국 관객 동원 18만 8천 명의 저조한 흥행성적을 남겼는데요. 그녀에게는 적지 않은 충격이었던 것 같습니다. 영화에 대해서 언급하면서 그녀는 내내 자본의 울타리에서밖에 일할 수 없는 아쉬움을 토로했습니다.

이러한 일련의 경험을 통해 김현진 씨의 결론은, 남에게 아쉬운 소리하지 않고 스스로의 힘으로 온전히 만들어낼 수 있는 작업으로 귀결됐습니다. 그것은 바로 소설입니다.

"현재는 한국예술종합학교 서사창작과 대학원 과정을 밟으며 소설을 쓰기 위한 준비를 하고 있습니다. 영화 시나리오는, 결국 영화작업을 하려면 남의 돈으로 해야 하니까요. 게임 시나리오도 그렇고요. 제가 제 몸뚱이 하나 투자해서 온전히 할 수 있는 일은 소설밖에 없더군요. 대신 뻔한 소재의 얘기 말고 먹고사는 것에 관한 얘기를 다루고 싶습니다. 이를테면 오쿠다 히데오의 『남쪽으로 튀어』 같은 독특한 스타일의 소설을 써보고 싶네요."

김현진 씨는 소설 창작이라는 목표를 달성하기 위해서 자신이 채워야 할 빈 곳을 정확하게 알고 있었습니다.

"작년에 촛불 집회와 비정규직 투쟁, 철거민 투쟁에 참여하면서 깨닫게 되었습니다. 이런 불합리한 구조를 통해 이득을 보는 사람이 있다는 사실이죠. 그 사람들이 누구인지, 그리고 그런 질서가 무엇인지에 대한 고민을 하게 되었습니다. 그러다보니 나 자신이 너무 무식하다는 생각이 들었어요. 올 하반기에 도서관에 틀어박혀 공부를 많이 했습니다. 리영희 선생님 인터뷰를 맡게 돼서 선생님의 저작들도 독파하고요. 전에는 전공과 관련이 없어서 사회과학 서적을 많이 안 봤는데 요즘에는 많이 읽고 있어요."

81년생 김현진 씨의 현재 모습은, 어쩌면 앞으로 살아야 할 인생의 길이만큼이나 채워나가야 할 부분이 존재할지도 모릅니다. 어떤 사람들에게는 김현진 씨의 아직 채워지지 않은 부분이 크게 보일지도 모르죠. 하지만 중요한 사실은, 그녀가 자신의 부족한 부분을 인식하고 채워나가고 있다는 사실입니다.

지금까지의 모습처럼 그녀가 노력을 게을리 하지 않는다면, 우리는 조만간 『남쪽으로 튀어』 같은 멋진 소설 한 편을 접할지도 모르겠습니다. 가난해도 쫀쫀하게 살지 않는 그녀의 모습이야말로 가장 매력적입니다.

예술은
총보다 강하다

만화를 좋아하는 사람이라면 「마크로스」라는 애니메이션을 들어봤을 겁니다. 지구인과 외계인 젠트라디인과의 전쟁을 소재로 다룬 애니메이션인데, 둘 사이의 전쟁이 정말 어이없이 끝나 버립니다. 여자 주인공인 민메이의 노래 하나로 전쟁이 정리되어 버리죠. 전쟁밖에 모르고 살아온 젠트라디인들은 여주인공 민메이의 노래의 위력, 즉 문화의 위력에 완전히 무장 해제됩니다. 어린 시절 「마크로스」를 보다가 남자 주인공의 영웅적인 전투실력으로 전쟁을 승리할 것이라는 기대가 완전히 빗나가서 실망스러웠던 기억이 나는데요. 말도 안 되는 얘기라고 생각했던 「마크로스」의 결말이 지금은 이해가 됩니다.

총보다 더 강한
예술의 소통능력

예술의 가장 큰 위력은 그 소통능력에 있습니다. 부모님과 선생님이 그렇게 돌아오라고 호소해도 돌아오지 않던 가출 청소년들이 서태지의 노래 「컴백홈」에 집으로 귀가한 일이 있었죠. 씨름에서 이종격투기로, 그리고 연예인으로 활동해 온 최홍만 씨는 자신이 중학교 시절 가출을 고민하다가 서태지의 「컴백홈」을 듣고 그만뒀다고 합니다. 독일의 대문호 괴테의 소설 『젊은 베르테르의 슬픔』이 당시 독일에서 엄청난 인기를 얻자 많은 젊은 남성들이 소설 주인공 베르테르를 따라 자살을 시도했습니다.

이런 일들은 이성의 잣대로 판단했을 때 도무지 이해가 안 되는 행동들입니다. 사실 부모님과 선생님이 얼마나 '이성적으로' 학생들에게 귀가를 호소했을까요? 아마 눈물겨운 노력이었을 겁니다. 집으로 돌아와야 하는 보편타당한 이유를 매우 합리적으로 설명했을 테죠. 하지만 그런 노력에도 불구하고 아이들은 집으로 돌아오지 않다가 서태지의 노래를 듣고 집으로 돌아온 것입니다. 『젊은 베르테르의 슬픔』이 인기를 얻을 당시, 독일에서 많은 사람들이 젊은 남자들에게 자살을 해서는 안 된다고 '이성적으로' 호소했을 겁니다. 하지만 그런 호소에도 불구하고 자살은 끊이지 않았습니다.

예술은 영혼의
피로회복제

예술은 의식 너머의 무의식에 직접 작용하기 때문에 의식 수준에서 작용하는 이성의 호소만으로는 예술의 소통능력을 막을 수 없습니다. 우리가 사랑에 빠질 때 그 상황을 이성을 동원해서 논리적으로 설명할 수 있나요? 만약 사랑이 단순히 이성의 영역에서만 이루어지는 것이라면 그것은 예술의 소재가 되지 않았을 것입니다. 사랑에 빠지는 현상을 단순히 이성의 영역에 속한 언어만으로 설명할 수 있는 사람은 없습니다. 의식 너머의 무의식이 강하게 개입되기 때문이지요.

그래서 칠레의 민중가수 빅토르 하라는 다음과 같은 말을 했습니다.

"예술가란 진정한 의미의 창조자여야 한다. 그 위대한 소통능력 때문에 예술가는 게릴라만큼이나 위험한 존재가 되는 것이다."

이렇게 예술은 다른 그 어떤 것도 가지지 못하는 독특한 소통능력을 가지고 있습니다. 그리고 이 예술이라는 그릇에 무엇을 담느냐는 전적으로 그 예술을 창조하는 예술가의 몫입니다. 우리가 단순히 순수예술가로만 알고 있는 예술가들 중에 적지 않은 사람들이 자신의 작품에 '메시지'를 담아서 많은 사람들과 소통을 시도했습니다.

서양 고전음악의 완성자로 유명한 악성樂聖 베토벤, 우리는 베토벤을 그저 순수음악 작곡가로 알고 있지만 사실 베토벤은 지금의 시각으로 보자면 이른바 운동권 음악가였습니다. 당시 서양은 왕을 중심으로 해서 귀족들이 주인 행세하던 신분제 사회였는데, 베토벤은 그런 신분제 사회에 반대하며 자유와 평등을 외치는 불온한 '공화주의자'이자 프랑스 혁명의 열렬한 찬동자였습니다. 베토벤 교향곡 3번 '영웅'은 당시 프랑스 혁명의 총아 나폴레옹에게 바치기 위해 작곡했습니다. 하지만 나폴레옹이 공화주의를 배신하고 자신이 스스로 귀족들의 우두머리이자 황제에 등극했다는 소식을 듣고서 '영웅'의 표지를 찢어버렸다는 일화는 유명하죠. 베토벤 교향곡 9번 '합창'은 4악장에 합창이 나오는 것으로 유명한데, 이 합창의 가사는 당시 유명한 반체제 시인 쉴러의 저항시를 채용한 것이었습니다. 지금으로 치자면 민중가요 '임을 위한 행진곡'의 가사를 교향곡에 사용했다고 생각하면 될 것 같네요.

존 레논, 찰리 채플린,
그리고…

비틀즈의 멤버로 유명한 존 레논은 잘 알려진 대로 급진 좌파적 성향을 가지고 있었습니다. 존 레논은 자신의 노래 「이매진」에 모두가 함께 어울려 사는 공동체 세상을 그려내고 있는데 공산주의 및 무정부주의의 색채가 매우 강한 메시지를 담고 있습니다. 존 레논은 베트남 전쟁에 적극 반대하는 운동을 펼치고 시위대가 쉽게 부를 수 있는 민중가요 「민중에게 권력을Power to the People」이라는 곡을 작곡하기도 합니다. 기득권층에서는 이런 존 레논의 활동을 불편하게 생각했는데 실제 CIA가 존 레논에 대한 조사를 광범위하게 벌였다고 합니다. 아직도 CIA가 작성한 존 레논 관련 보고서는 비밀로 분류되어 공개되지 않고 있습니다. 존 레논의 죽음도 CIA가 개입했다고 하는 음모론 아닌 음모론이 있을 정도니까요.

전설적인 희극인 찰리 채플린, 일반적으로 그는 독특한 외모와 몸짓으로 기억되고 있습니다. 히틀러를 닮은 우스꽝스러운 콧수염, 냄비를 엎어놓은 듯 보이는 중절모, 억지로 구겨 입은 양복에 발보다 두 배는 커 보이는 구두, 뒤뚱뒤뚱 지팡이를 짚고 걷는 그의 독특한 걸음걸이는 한 번 보면 결코 잊을 수 없는 독특함이 묻어 있는데요. 영국에서 태어나 주로 미국에서 활동한 찰리 채플린은 그 당시 대중들에게도 천재 배우, 천재 감독으로 명성을 날렸지만 그 명성만큼이나 이른바 '빨갱이'로도 유명합니다. 그는 자신의 영화 「모던 타임즈」를 통해 피도 눈물도 없는 자본주의 사회에서 소모품처럼 취급당하는 노동자들의 삶에 대한 연민을 특유의 유머로 승화시킵니다. 4년 후에 만든 영화 「독재자」에서는 영화사에 길이 빛날 명장면을 만들어 내는데요. 파시즘을 비판한 이 영화에서 독일의 히틀러를 닮은 독재자와 이발사의 1인 2역을 소화한 찰리 채플린은 마지막 연설장면에서 배우가 아닌 찰리 채플린 자신으로 돌아온 듯 다음과 같은 연설을 합니다. 약간은 길지만 아래에 연설 전문을 옮겨 봅니다.

미안합니다만, 나는 황제가 되고 싶지 않군요

그건 내 할 일이 아닙니다

누군가를 다스리거나 정복하고 싶지도 않아요

가능하다면 모든 이들을 돕고 싶어요

유태인, 기독교인, 흑인, 백인이든 간에

모든 인류가 그렇듯, 우리 모두가 서로 돕기를 원합니다

남의 불행을 딛고 사는 것이 아니라

남이 행복한 가운데 살기를 원합니다

우리는 남을 미워하거나 경멸하고 싶지 않습니다

세상에는 모두를 위한 자리가 있고

풍요로운 대지는 모두를 위한 양식을 줍니다

인생은 자유롭고 아름다울 수 있는데도

우리는 그 방법을 잃고 말았습니다

탐욕이 인간의 영혼을 중독시키고

세계를 증오의 장벽으로 가로막았는가 하면

우리에게 불행과 죽음을 가져다 주었습니다

급속도로 발전을 이룩했지만 우리 자신은 갇혀버리고 말았습니다

대량 생산을 가능하게 한 기계는

우리에게 결핍을 가져다 주었습니다

지식은 우리를 냉정하고 냉소적으로 만들었습니다

생각은 너무 많이 하면서도 가슴으로는 거의 느끼는 게 없습니다

기계보다는 휴머니티가 더욱 필요하고

지식보다는 친절과 관용이 더욱 필요합니다

그렇지 않으면 인생은 비참해지고 결국 모든 것을 잃게 될 것입니다

비행기와 라디오 방송은 우리를 더욱 가깝게 연결시켰습니다

이러한 발명의 진짜 의도는 인간의 선함에

전 지구적 형제애와 우리 모두의 화합을 호소하기 위함입니다

지금도 내 목소리가 세계 방방곡곡에 울려 퍼져 나가

인간을 고문하고 죄없는 사람들을 가두는 제도에 희생된

수백만의 절망하고 있는 남녀노소에게까지

들리고 있지 않습니까?

지금 내 말을 듣고 있는 사람들에게 전합니다.

희망을 잃지 마십시오!

우리가 겪는 불행은 탐욕에서

인류의 발전을 두려워하는 자들의 조소에서 비롯된 것입니다

증오는 지나가고 독재자들은 사라질 것이며

그들이 인류로부터 앗아간 힘은 제자리를 찾을 것입니다

인간이 그것을 위해 목숨을 바치는 한 자유는 결코 소멸되지 않을
것입니다

군인들이여, 그대들을 경멸하고 노예처럼 다루며

당신들의 행동과 사고와 감정

당신들의 삶까지 통제할 뿐만 아니라

당신들을 짐승처럼 다루고 조련하여

전쟁터의 희생물로 만들고 있는

이 잔인무도한 자들에게 굴복하지 마시오!

이런 비인간적인 자들에게

기계의 지성과 마음을 가진, 기계나 다름없는 자들에게 굴복하지

마시오!

그대들은 기계도 짐승도 아닙니다 인간입니다!

당신들의 마음속에는 인류에 대한 사랑이 숨쉬고 있습니다

증오하지 마시오 비인간적인 자들만이 증오를 합니다

군인들이여, 노예제도를 위해 싸우지 말고 자유를 위해 투쟁하시오

누가복음 17장에서, "주의 왕국은 인간들 사이에 있다"라고 했습니다

한 사람, 한 무리가 아닌 인간 전체에 바로 당신들 마음속에 있는 것

입니다

민중은 힘을 가지고 있습니다. 기계를 창조할 힘과 행복을 창조할

힘 말입니다.

민중은 삶을 자유롭고 아름답게, 그리고 멋진 모험으로 만들 수 있

는 힘을 지닌 것입니다

그러니, 민주주의의 이름으로 그 힘을 사용하여 화합을 이룩합시다

모두에게는 일할 기회를, 젊은이에게는 미래를, 노인들에게는 안

정을 제공할

훌륭한 세계를 건설하기 위해 싸웁시다

극악무도한 자들도 이런 것들을 약속하며 권력을 키웠지만

그들의 약속은 실행되지 않았으며 앞으로도 절대 지켜지지 않을

것입니다

그들은 스스로를 자유롭게 하면서 민중을 노예로 전락시켰습니다

이제 그들이 했던 그 약속을 이행하기 위해 싸웁시다

세계를 해방시키고 나라 간의 경계를 없애며

탐욕과 증오와 배척을 버리도록 함께 투쟁합시다

이성이 다스리는 세계

과학의 발전이 모두에게 행복을 주는 세계를 만들도록 함께 투쟁
합시다

군인들이여, 민주주의의 이름하에

하나로 뭉칩시다!

— 출처: 『세상을 바꾼 예술작품』 중에서

마치 나머지 장면들이 이 연설 장면을 위한 리허설인 것처럼 찰리 채플린은 자신의 모든 것을 다해 연기 아닌 연기를 합니다. 이 연설 장면에 대한 채플린의 애착은 대단했습니다. 제작 당시 주변 사람들이 이런 긴 연설을 삽입한다면 흥행 수입이 100만 달러는 줄어들 것이라고 만류하자, 채플린은 "비록 500만 달러가 줄어든다고 해도 난 꼭 그 연설을 삽입시킬 거야"라고 응수했다는군요. 「위대한 독재자」를 본 당시 FBI 국장 에드거 후버는 이 영화가 독일의 나치뿐만 아니라 미국을 비판하는 것이라는 판단하에 부하들을 동원해 찰리 채플린의 모든 것을 캐내기 시작했습니다. FBI가 작성한 채플린 파일은 1,900페이지에 이르는 방대한 분량으로 알려져 있습니다. 결국 채플린은 소위 빨갱이 사냥이라는 매카시즘의 광풍이 미국을 초토화시

키던 시절에 박해를 피해 스위스로 떠날 수밖에 없었습니다.

우리에겐 진짜
예술가가 필요하다

이렇게 우리가 단순히 순수 문화예술인으로만 기억하던 사람들이 사실은 자신의 예술작품에 '메시지'를 담아 대중들과 소통을 하려고 노력했던 사람들입니다. 그리고 이들의 노력은 예술작품이라는 매개체를 통해 우리의 의식 너머에 있는 무의식으로 전해졌습니다. 이들이 지금껏 위대한 예술인으로 칭송받는 이유는 단순히 그들이 예술적 기교가 뛰어났기 때문만은 아닙니다. 그들이 자신의 예술 작품에 담아 대중과 소통하기 위해 노력했던 그 메시지들이 인류애와 역사의 진보에 부합됐기 때문입니다. 아무리 예술적 기교가 뛰어나다 하더라도 그저 기득권층의 구미에 맞춰 말초신경만을 자극하는 그런 쭉정이들은 역사라는 체를 통해서 걸러지기 마련입니다.

　우리에게는 500만 달러보다 자신이 전하고 싶은 메시지를 더 소중하게 생각하는 예술가가 절실하게 필요합니다.

20세기 전태일, 21세기의 청춘

2010년 11월 20일 현대자동차에서 일하는 비정규직 노동자가 분신을 했습니다. 대법원에서 불법파견으로 고용한 노동자들을 정규직화해야 한다는 취지의 판결이 나온 이후, 현대자동차에서 비정규직 노동자들이 정규직화를 요구하며 점거농성을 하고 있는 가운데 발생한 일입니다. 20세기의 전태일이 근로기준법을 준수하라고 외치면서 자신의 23살 파릇파릇한 몸뚱이에 파란 불꽃을 댕긴 때가 1970년 11월인데, 40년도 넘게 지난 지금 21세기의 전태일인 비정규직 노동자들은 그저 법률을 지키라는 소박한 요구에 자신의 몸을 불사릅니다.

2010년 11월 18일 실업자나 구직자도 노조를 설립할 수 있다

는 법원의 판결이 있었습니다. 청년들을 대상으로 하는 노동조합인 청년유니온이 실업자나 구직자를 조합원으로 받아들인 것이 법적으로 정당하다는 의미입니다. 참 노조 만들기 힘들군요. 청년들이 모여서 노조를 만드는 데 법원까지 들락날락 거려야 하니 말입니다. 20세기의 전태일이 분신한 지 40년이 넘게 지났건만 아직도 21세기의 청년들은 노조라는 단어조차 생경한 채 청년실업과 비정규직으로 고통 받고 있습니다.

글로벌 리더가 해야 할 일

'나라가 그야말로 '개판'입니다.'라고 다음 아고라에 글이 올라오곤 합니다. 똑같은 일을 해도 정규직에 비해 절반밖에 안 되는 임금에 4대 보험은 고사하고 언제 해고될지 모르는 불안감을 안고 짐승처럼 일해야 하는 비정규직이 도처에 깔려 있습니다. 차라리 비정규직이라도 되면 좋으련만! 아예 일자리를 얻지 못해 타의에 의해 놀고 있는 청년들이 수를 헤아릴 수 없는 상황입니다. 상황이 이런데도 정부는 4대강을 사업을 한다, 공정한 사회를 건설하겠다 하고 있습니다. 그야말로 국민들의 인내심의 끝이 어디인지를 알아보고 있는 것 같습니다.

대학에서는 '글로벌 리더'가 되도록 교육한다고 합니다. 조선일보에서는 창간 80주년 기획기사에서 20대를 'Global'과 'Green'의 앞 글자를 따서 'G세대'라고 명명했더군요. 청춘의 롤모델로 글로벌 리더니 G세대를 제시하는데 이들을 살펴보면 대략 이러하더군요. 중학교까지 한국에서 학교를 다니다가 갑자기 고등학교를 미국의 명문 사립 고등학교에 진학합니다. 거기서 나름 열심히 해서 아이비리그 대학에 진학한 후 전문직이나 CEO를 하면서 골프도 치고 고위 인사들과 교류도 하는 거죠. 돈 잘 버는 사람이 됐다는 이유로 성공했다는 박수를 쳐주고 리더라고 말합니다. 수많은 청년학생이 비정규직에 실업으로 고통 받고 있는 상황에서 자기만 잘 먹고 잘사는 이 사람들이 과연 '참리더'인가요? 개인의 능력이 출중해서 잘사는 사람은 부러움의 대상일망정 결코 참리더는 아닙니다.

지금 우리에게는
진짜 리더가 필요하다

모두가 고통 받고 있는 이 상황의 원인을 분석하고 문제의 해결책을 찾아내서 문제를 해결하는 데에 모두의 힘을 모아낼 수 있도록 이끌 수 있는 사람이 진짜 리더입니다. 하지만 과연 스펙 쌓기와 학점 따기에만 여념이 없는, 현재의 대학에서 진정한 리더가 나올 수 있을까요? 영혼 없는 교육, 더 성능 좋은 기업 맞춤형 휴머노이드를 목표로 하는 현재의 대학에서 리더가 나올 수 있을지 진실로 의문입니다.

　지난 2010년은 전태일 분신 40주기가 되는 해였습니다. 그래서 다시 전태일이라는 이름을 진지하게 곱씹어 보게 되었습니다.

　　이 결단을 두고 얼마나 오랜 시간을 망설이고 괴로워했던가?
　　지금 이 시간 완전에 가까운 결단을 내렸다.
　　나는 돌아가야 한다.
　　꼭 돌아가야 한다.
　　불쌍한 내 형제의 곁으로 내 마음의 고향으로,
　　내 이상理想의 전부인 평화시장의 어린 동심 곁으로.
　　생生을 두고 맹세한 내가,
　　그 많은 시간과 공상 속에서,
　　내가 돌보지 않으면 아니 될 나약한 생명체들.
　　나를 버리고, 나를 죽이고 가마.
　　조금만 참고 견디어라.
　　너희들의 곁을 떠나지 않기 위하여
　　나약한 나를 다 바치마.
　　너희들은 내 마음의 고향이로다.

– 전태일, 1970년 8월 9일 일기에서

　전태일, 그는 당시의 참혹한 노동현장에서 노동자 모두가 함께 느끼고 있는 고통과 슬픔, 울분을 세상을 바꾸는 힘으로 모아낸 진정한 '리더'였습니다. 그는 현실에서 도망치지 않았습니다. 오히려 그 거대한 현실에 맞부딪쳐 길이 없는 곳에서 길을 내었습니다. 20세기의 전태일이 만든 그 길을 따라나선 수많은 노동자들은 노동조합을 만들고 노동자들의 정당을 만들었습니다. 하지만 21세기로 접어든 현재 전 세계적으로 신자유주의 광풍이 몰아친 후폭풍으로 노동자 서민의 생계는 완전히 파탄이 나고 비정규직에 청년실업에 자살률 1위의 부끄럽고 참혹한 현실이 우리 앞을 가로막고 있습니다.

길이 막힌 곳에서
길이 되어줄 리더

그래서입니다. 우리에게는 글로벌 리더가 아닌 21세기의 '전태일'이 필요합니다. 길이 막힌 곳에서 길이 되어줄 리더, 비정규직과 청년실업으로 슬퍼하는 노동자와 학생들의 아픔을 자신의 아픔으로 느낄 줄 아는 리더, 함께 어깨동무를 하고 의지하며 한 걸음씩 내딛을 수 있는 리더가 필요합니다.

어떤 분들은 70년대의 상황과 지금이 다르기 때문에 전태일의 용기는 훌륭하지만 지금의 젊은이들이 공감하기는 어렵다는 얘기를 합니다. 하지만 지금 우리가 사는 사회가 1970년대와 달라진 이유는, 우리가 전태일의 용기와 희생정신에 공감하기 어렵게 된 이유는 바로 전태일처럼 사회의 모순에 맞서 길을 내어준 진정한 '리더'가 있었기 때문입니다. 우리는 이런 사실을 너무나도 쉽게 잊는 것 같습니다.

사랑하는 친우親友여, 받아 읽어주게.

친우여, 나를 아는 모든 나여.

나를 모르는 모든 나여.

부탁이 있네. 나를, 지금 이 순간의 나를 영원히 잊지 말아주게.

그리고 바라네. 그대들 소중한 추억의 서재에 간직하여주게.

– 전태일의 유서 중에서

두려움 49%,
희망 51%

'대한민국 차세대 글로벌 리더 네트워크 FUN20.'

글로벌GLOBAL에 리더LEADER에 네트워크NETWORK까지! 과연 이런 대단한 단어들을 내세워서 모인 20대들은 어떤 활동을 할지 궁금해졌습니다. FUN20의 홈페이지http://www.fun20.net에 접속하니 겨울방학을 맞이하여 20대의 대학생들을 위한 다양한 강연들이 접수를 기다리고 있었습니다. 아래와 같이 말이죠.

'국제기구 SECTION 4기.'

'글로벌 이슈 SECTION 3기.'

'미디어 SECTION 4기.'

'경제 SECTION 3기.'

'UN진출 워크숍 4기.'

'대학생 책 저자되기 워크숍.'

'대학생 커뮤니티 리더 교육 워크숍.'

'대학생 낭만회생 프로젝트 – 문화를 즐기자!'

'BOOK BOOK 읽다.'

'살아있는 인문학.'

'과학을 위한 인문학, 인문학을 위한 과학.'

'사고력 & 논리력 충전!'

'生生 글쓰기.'

'스피치 & 커뮤니케이션.'

'되돌아본 역사에서 오늘을 보다.'

'영화평론가처럼 영화보기.'

20대의 희망 등대,
FUN20

FUN20에서 진행하는 인문학 강좌에 강사로 참여한 숭실대 철학과 김선욱 교수는 2009년 11월 6일자 경향신문 칼럼에 '비오는 토요일 오후의 행복'이라는 제목으로 다음과 같이 자신의 느낌을 얘기했습니다.

"정해진 시간을 넘겨 두 시간 반 이상 강의와 질의응답이 진행됐다. 그 긴 시간 동안 강의를 듣는 학생들이 행복했는지는 잘 모르겠지만, 강한 집중력을 보여준 그들 덕분에 나는 모처럼 행복한 교수가 되어 토요일 저녁 시간을 보냈다."

인문학의 위기라는 말을 많이 합니다. 20대에게 희망이 없다라고 말하는 사람도 있습니다. 그런데 희망이 없다는 20대 대학생들을 모아서 위기에 빠졌다는 인문사회학 강좌를 열고 철학과 교수까지 감동시키는 사업을 하고 있는 FUN20의 대표 정성일 씨. 그를 만나기 위해 지난 2009년 12월 8일 신설동역 근처의 FUN20 사무실을 찾았습니다.

"사람들은 20대를 한편으로는 불쌍하다고 얘기하고, 한편으로는 개념 없다고 얘기하기도 합니다. 하지만 FUN20을 운영하면서 확실히 알게 되었습니다. 20대가 무기력한 세대라서 그런 것이 아니고 단지 잠재력을 보여줄 기회가 없었기 때문이라는 사실을 말입니다."

실제 FUN20은 단순히 인문사회 강좌만 진행되는 곳은 아닙니다. 20대의 잠재력을 보여줄 수 있는 장으로도 활용되고 있었습니다. 예컨대, 미디어 SECTION 강좌를 들은 대학생들은 자발적으로 블로그 미디어인 고함20http://goham20.com을 개설해서 정기적으로 기사를 작성해서 올리고 있습니다. 수준 높은 기사를 생산하기 때문에 포털 사이트의 메인 페이지에 자주 노출되어 개설한 지 얼마 되지 않았는데 벌써 방문자 수가 수십만 명에 육박합니다. 한 대학생은 아예 휴학까지 하고 블로그 미디어 고함20을 정식 언론사로 등록하기 위한 준비 작업을 하고 있었습니다.

미디어뿐만 아니라, 출판을 위한 준비작업도 FUN20 강좌에 참여한 대학생들의 자발적인 모임으로 추진되고 있었습니다.

"출판을 추진하는 팀이 두 개가 꾸려져 있습니다. 20대들이 읽을 책을 20대가 직접 만들자는 취지로 시작했는데요. 한 팀은 사회명사들을 인터뷰하고, 추천받은 책을 함께 읽고 토론한 내용으로 책을 준비하고 있습니다. 연이 닿은 출판사와 공동으로 작업을 하고 있는데, 조만간 책이 나올 것 같습니다. 다른 한 팀은 글로벌 이슈 SECTION 강좌를 들은 학생들을 중심으로 꾸려졌는데요. 글로벌 이슈에 대한 토론을 진행하고 각자 글을 쓴 후에 묶어서 책으로 내는 기획을 추진하고 있습니다."

20대를 변화시키는 30대,
정성일 씨

20대를 변화시키고 있는 30대 정성일 씨의 20대가 궁금했습니다. 1994년도에 고려대학교 통계학과에 입학한 정성일 씨는 원래 컴퓨터 프로그래머가 꿈이었다고 합니다. 어린 시절 넉넉지 않은 집안 환경임에도 부모님을 졸라 컴퓨터를 구입할 정도로 프로그래머로서의 꿈을 키우던 그는 대학에 들어가서 소위 '운동권'이 되었습니다.

"숨 막히는 입시경쟁을 거쳤으니 일단 대학교에서는 다양한 활동을 해보고 싶었습니다. 그러다가 자연스럽게 집회에도 참여하게 되

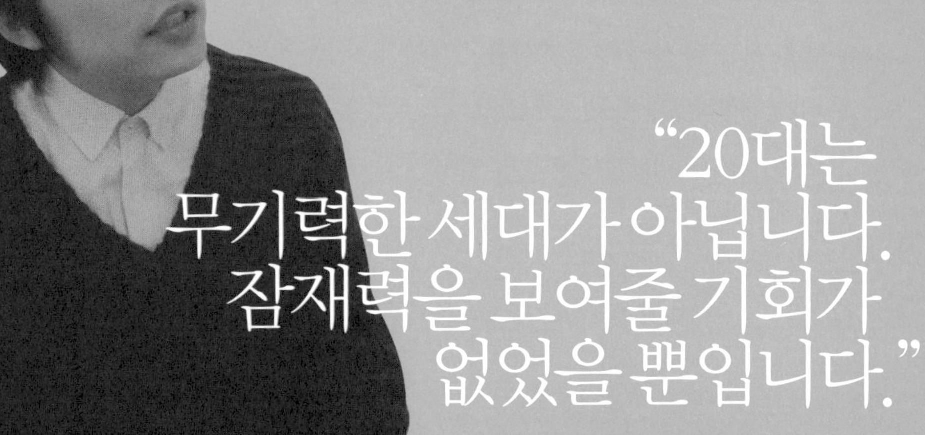
"20대는
무기력한 세대가 아닙니다.
잠재력을 보여줄 기회가
없었을 뿐입니다."

고, 결국 우리 사회의 모순에 대해 깨닫게 되었죠. 결국 학생운동을 하게 됐습니다. 2000년 대, 여러 번의 큰 촛불시위를 경험하면서 많은 것을 느꼈고요. 비슷한 시기에 88만 원세대라고 불리는 20대의 문제가 부각되기 시작했습니다."

이렇게 20대 문제에 관심을 가지게 된 정성일 씨는 기존의 운동권 방식으로는 20대에게 다가갈 수 없음을 느꼈고, 그러한 고민을 통해 FUN20 사업을 추진하게 되었습니다.

"80년대 후반 90년대 초반처럼 학습 소모임을 꾸려서 사회과학 학습이나 문건 쓰는 방법 등을 선배가 후배에게 일방적으로 가르치는 방식으로는 20대에게 다가갈 수 없다고 생각했습니다. 소위 지도와 피皮지도, 가르치고 배우는 수직적 관계는 현재 시대에 맞지도 않고 20대들의 정서에도 맞지 않습니다. 그리고 그런 방식으로는 사람들의 자발성과 자주성을 키워낼 수도 없습니다."

잘못된 사회의 흐름을
바꿀 수 있는 리더

'대한민국 차세대 글로벌 리더 네트워크 FUN20'이라는 이름대로, 정성일 씨는 이 사업을 통해 사회 각계에서 역량을 발휘할 수 있는 리더를 양성하겠다는 큰 포부를 가지고 있었습니다. FUN20을 통해 인연을 맺은 20대의 젊은이들이 이 소중한 인연을 계속 이어나가서,

사회에 진출한 후에도 서로 간의 긴밀한 네트워크를 통해 세상을 바꿀 수 있는 리더가 되기를 바라는 것이죠. 자연스럽게 그가 생각하는 '리더'란 무엇인지 궁금해졌습니다.

"FUN20은 frontier union ON20의 약자입니다. 대한민국의 차세대 글로벌 리더 네트워크를 만드는 것이 FUN20의 목적인데요. 일반적으로 리더라고 하면 잘난 사람, 그러니까 남들 앞에서 이끌어가는 사람으로 생각합니다. 하지만 저는 진짜 리더는 그런 것이 아니라고 생각합니다. 예를 들어서 88만 원 세대라는 말이 생길 정도로 20대의 문제가 심각한데요, 그런 상황에서 자기만 88만 원 세대를 탈피해서 잘 먹고 잘 산다면 그것이 과연 88만 원 세대의 리더냐는 것이죠. 88만 원 세대의 리더라고 한다면, 20대가 고통 받는 그런 잘못된 사회의 흐름을 바꿔낼 수 있는 역할을 해야죠. 그래서 저는 사회의 흐름을 올바르게 바꾸기 위해 방향을 잡고 자신을 던지고 희생할 수 있는 사람이 진정한 리더라고 생각합니다. 이것이 FUN20이 추구하는 리더의 상입니다."

대학 강의실에서
진지한 눈빛을 볼 수 있다면

저 역시 앞서 얘기했던 숭실대 철학과 김선욱 교수와 같은 경험을 한 적이 있습니다. 2009년 여름, FUN20 측의 요청으로 글로벌 이슈

SECTION 강좌에서 중남미 베네수엘라의 혁명을 주제로, 그리고 마르크스 자본론 특강으로 강연을 하면서 다른 곳에서는 만나보기 힘든 20대 대학생들의 진지한 눈빛을 접하게 되었습니다. 그런 눈빛을 대학교 강의실이나 도서관에서 자주 만날 수 있다면 누구도 우리나라의 미래를 걱정하지 않을 그런 눈빛이었죠.

정성일 씨를 인터뷰를 한 지 몇 개월이 지난 2010년 5월에 FUN20의 20대 청년들이 작업한 책이 세상에 모습을 드러냈습니다. 『책 읽는 청춘에게』라는 책인데 정성일 씨가 얘기했던 대로 사회명사들과 인터뷰하면서 그들의 인생을 바꾼 책들을 추천받는 책이었습니다.

시절이 어려운지라 FUN20의 새로운 모델이 앞으로 얼마나 성공할지는 모르겠습니다. 하지만 성공 여부를 떠나 이런 시도들이 계속되는 한 우리 사회의 미래에 '희망'이라는 단어는 사라지지 않으리라는 확신이 들었습니다.

미래

급변하는 세계, 그리고 우리는?

네 갈 길을 가라, 남이야 뭐라 하든!

– 단테

일본의 만화 주인공들,
미국을 거부하다

지난 2009년 8월 30일 치러진 중의원 선거에서 총 480석 가운데 308석을 얻으며 압도적 승리를 한 일본의 민주당은 자민당을 무너뜨리고 54년 만에 정권교체를 이루어내며 전 세계에 충격을 주었습니다. 집권 민주당의 하토야마 총리는 노골적으로 탈미입아脫美入亞를 내세우며 '동아시아 공동체' 구상을 얘기하고, 결국 무산되기는 했지만 오키나와 현의 후텐마 주일 미군 기지를 옮기는 문제에서도 오키나와 주민의 의사가 중요하다며 미국과 강하게 대립각을 세웠습니다. 한편 당시 민주당의 간사장이자 실세인 오자와는 2009년 12월 10일 민주당 소속 의원 143명을 포함해서 무려 643명이라는 사상최대의 방문단을 이끌고 중국을 방문했습니다. 당시 오자와 간사장은 "140여 명의 국회의원이 한 나라를 한꺼번에 방문한 것은 유례가 없다"면서 "양국의 우호 친선 관계를 발전시키려는 노력을 중국 측도 알게 됐을 것"이라고 말했습니다.

사실 일본 내에서 좌우를 막론하고 미국에 경도되어 있는 대외관계를 바꿔야 한다는 목소리는 과거에도 있었습니다. 극우신문으로 유명한 일본 「요미우리신문」은 2008년 1월 1일 신년 사설 제목을 다음과 같이 붙였습니다.

'다극화多極化 세계로의 변동에 대비하자.'

사설에서는 유일 초대국, 즉 일극一極으로서의 미국의 지위가 흔들리고 있으며, 새로운 극極으로서의 중국의 부상에 대한 일본의 관계 설정이 주요한 과제가 될 것이라고 말했습니다. 가깝고도 먼 나라 일본의 극우세력들조차 저물어가는 미국의 패권과 부상하는 중국 등의 신흥세력에 대해 신중한 태도를 보이고 있는 것입니다.

일본 애니메이션의
탈미脫美 선언

●

그런데 저는 사실 좀 더 일찍, 그것도 약간은 뜬금없는 분야인 애니메이션에서 일본의 탈미脫美 정서를 발견했습니다. 「요미우리신문」 사설보다도 훨씬 이른 2006년 가을에 마이니치 방송을 통해 전파를 탄 「코드기어스 반역의 를르슈」가 바로 그것이죠.

기동전사 건담의 제작사로 유명한 선라이즈SUNRISE가 제작을 맡고 「무한의 리바이어스(1999년)」, 「스크라이드(2001년)」, 「플라네테스(2003년)」 등의 작품으로 이름을 날린 타니구치 고로가 감독을 맡은 「코드기어스 반역의 를르슈」는 일본 내에서 뿐만 아니라 우리나라의 애니메이션 팬들에게 폭발적인 인기를 끈 상업용 TV 애니메이션입니다.

그런데 이 애니메이션의 설정이 무척 노골적입니다. 세계의 대부분을 지배하고 있는 신성 브리타니아 제국이 등장하는데 세계지도에서 정확하게 미국의 위치에 자리를 잡고 있습니다. 한편 일본은 에어리어 11AREA 11이라는 이름으로 신성 브리타니아 제국의 식민지로 설정이 되어 있습니다. 일본에서만 나오는 사쿠라다이트라는 광석의 이권을 둘러싸고 브리타니아 제국과의 전투를 벌였는데 패했기 때문이라는 설명을 덧붙이면서요.

주인공인 를르슈 란페르지는 신성 브리타니아 제국 황제의 아들이지만, 복잡한 내부 문제로 일본에 유배되어 있는 상태입니다. 자신의 개인사로 인해 신성 브리타니아 제국에 적개심을 가지고 있는 를르슈의 목표는 브리타니아 제국을 무너뜨리는 것이죠. 이 목표를 위해 를르슈는 일본인들과 힘을 합쳐 레지스탕스를 결성합니다. 전투에서 승리하면서 점점 힘을 얻어가는 가운데 브리타니아 제국과의 결전을 위해서, 를르슈를 중심으로 한 일본은 중화연방(중국)과 연합군을 형성합니다. 그리고 전 세계는 브리타니아 제국 대對 반反브리타니아 제국의 대결구도로 나뉘게 됩니다. 눈치가 빠른 사람은 이미 아시겠지만, 브리타니아 제국에서 브리타니아Britannia라는 이름조차 미국을 연상시킵니다. 영국에서 이주한 사람들을 중심으로 지금의 미국을 만들었으니까요.

미국의 영향력에서 벗어나 중국과 연합하는 설정이 너무나 노골적이어서 보는 내내 당황스럽기도 하고 신기하기도 했던 기억이 나는데요. 2006년 일본의 마이니치 방송에서 상영된 상업용 TV 애니메이션의 설정입니다. 게다가 이 작품은 공전의 히트를 기록하며 「코드기어스 반역의 를르슈 R2」라는 제목으로 속편이 제작될 정도로 인기를 끌었습니다.

만화 내용대로
정권이 바뀌고 있다?

●

애니메이션 한 편에 국한된 현상이 아닙니다. 이번에 소개할 작품은 「코드기어스 반역의 를르슈」가 방영되기 1년 전인 2005년 가을에 방영된 「BLOOD +」(블러드 플러스)입니다. 이 애니메이션의 주인공인 오토나시 사야는, 외모는 여고생이지만 이른바 흡혈귀입니다. 교복을 입은 흡혈귀 오토나시 사야가 인간의 편에 서서 인간을 지키고 동족 흡혈귀들과 싸우는 것이 이 애니메이션의 주요한 내용이죠.

재미있는 것은 얘기가 펼쳐지는 무대입니다. 오토나시 사야가 살고 있는 곳은 일본 내에서 미군기지로 유명한, 오키나와입니다. 사야가 잡아야 하는 흡혈귀들은 사실 오키나와의 미군기지 내에서 비밀리에 진행되고 있는 생체병기의 실험체들입니다. 그리고 배후에는 다국적 제약회사가 돈을 대고 있고요. 등장인물들의 대화에는 심심치 않게, 그리고 굉장히 노골적으로 미국의 제국주의적 행태들을 비판하는 내용들이 나옵니다. 「BLOOD +」 역시 「코드기어스 반역의 를르슈」처럼 인기를 끈 상업용 애니메이션입니다. 우리나라의 애니메이션 팬들에게도 친숙한 작품이죠.

애니메이션뿐만 아니라 만화책에서도 이러한 분위기는 발견됩니다. 알다시피 일본은 만화의 저변이 엄청난 나라입니다. 남녀노소 할 것 없이 누구나 만화책을 읽는 분위기다보니 다양한 분야가 소재로 다뤄지며 굉장히 전문적인 내용을 다룰 때도 있습니다. 『DAWN : 태양은 다시 뜬다』라는 만화는 미국과 일본 간의 금융게임을 다룬 만화책인데요. 우리나라에는 그다지 많이 알려져 있지 않지만, 일본에서는 증권맨의 필독서라고 할 정도로 인기를 끌었던 만화입니다.

『DAWN : 태양은 다시 뜬다』의 주인공인 야하기 타츠히코는 미국 금융계에서 명성을 날린 일본인으로 등장합니다. 최고의 주가를 올리던 그가 홀연 일본으로 귀국해서 노숙자 생활을 시작하는 것이 만화의 첫 장면인데요. 야하기 타츠히코는 남들이 낙오자로 무시하는 노숙자들을 규합해서 금융회사를 차리고, 그 회사를 통해서 미국의 금융계를 공격하기 시작합니다.

야하기 타츠히코가 이런 행위를 하는 이유는, 그 자신이 미국에서 했던 행동에 대한 반성에서 비롯된 것입니다. 미국에서 금융계의 신화로 떠오르던 야하기 타츠히코는, 어느 날 문득 자신이 미국에서 하고 있는 금융거래들이 결국 일본의 경제를 망가뜨리고 있다는 사실을 자각한 것이죠. 미국식 신자유주의가 일본에도 도입되면서 빈부격차는 심해지고 노숙자가 늘어나는 일본의 현실에 괴로워하던 그는 미국에서의 명성을 뒤로 하고 일본으로 돌아옵니다. 그는 자신의 특기인 금융기법을 활용해 미국 금융계를 공격하면서 일본을 다시 일으킵니다.

야하기 타츠히코의 움직임은 경제에서만 머물지 않습니다. 머니게임을 통해 은행을 인수하게 된 그는 이 자금을 발판으로 정치에 영향력을 행사합니다. 그래서 결국 자민당 정권을 무너뜨리고 새로운 정권을 창출합니다. 이러한 과정에서 미국과 거리를 두면서 중국과의 관계를 개선하는 장면이 나옵니다. 이것을 과연 우연이라고 봐야 할까요? 몇 년 전에 나온 만화가 지금 일어나는 일을 얘기하고 있으니 말이죠. 더욱 놀라운 것은 자본주의 금융계의 총아인 주인공 야하기 타츠히코가 자본주의 체제를 부정하면서 새로운 대안적 체제가 필요하다고 역설하는 장면입니다. 다음과 같은 대사를 읊조리며 말하죠.

"자본주의라는 것은, 돈 버는 것이 우선인 이데올로기야. 하지만 자본주의에서는 일부 사람들을 윤택하게 할진 몰라도, 만인萬人…… 국가 규모로 사람들을 행복하게 하지는 못하지. 우리에게는 슬슬…… 자본주의를 대체하는 이데올로기가 필요할 때다."

이런 만화가 일본 증권맨의 필독서로 대단한 인기를 끌었습니다. 놀랍지 않은가요? 그래서 저는 일본 자민당 정권이 무너지고 민주당 정권이 들어서서 노골적으로 탈미입아(脫美入亞, 미국에서 벗어나 아시아에 들어옴)를 내세우며 '동아시아 공동체' 구상을 얘기하고, 주일미군기지 문제로 미국과 대립할 때 그렇게 놀라지 않았습니다. 이미 만화나 애니메이션을 통해 일본의 분위기에 놀랐기 때문입니다. 그래서 자민당이 무너지고 민주당이 집권했을 때 오히려 '드디어 올 것이 왔구나'라는 느낌이 들었다고나 할까요, 오히려 앞으로 어떻게 전개될지가 더욱 기대를 하게 됐습니다.

문화라는 것은 그 시대의 정서를 어떤 방식으로든 담아내기 마련입니다. 그리고 시대의 정서를 올바르게 담아낸 문화들은 그 시대를 사는 사람들에게 사랑을 받기 마련입니다. 이미 여러 차례 언급했듯이, 앞서 다룬 작품들은 비非인기 애니메이션이나 만화가 아닙니다. 같은 시대를 사는 일본인들로부터 많은 사랑을 받은 작품들입니다. 그리고 이 사랑받는 작품들 속에 녹아들어 있는 내용들이 조금씩 현실화되고 있는 것이죠. 그것이 지금 일본의 모습입니다.

2009년에 일본에서 방영되어 화제를 일으킨 인기 TV 애니메이션 「동쪽의 에덴」은 얼마 전 국내에서 극장판 애니메이션으로 개봉되기도 했습니다. 「공각기동대」, 「정령의 수호자」 등 걸작을 만들어낸 실력파 카미야마 켄지가 감독을 한 이 작품에서 자주 등장하는 단어는 '니트족'입니다. 배울 의지도, 취업할 의지도 없이 무기력하게 살아가는 일본의 젊은이들을 지칭하는 단어인 '니트족'은, 일본에서 얼마나 청년실업문제가 심각한지를 잘 보여주는 단어인데요. 「동쪽의 에덴」에서는 이 니트족들이 집단적 행동을 통해 주인공인 타키자와 아키라를 도와서 일본 사회를 바꾸는 데에 나서는 모습을 그려냅니다.

「동쪽의 에덴」뿐만 아니라, 최근 일본 만화와 애니메이션에서는 부쩍 '니트족', '프리터' 등으로 대변되는 청년실업문제와 사회양극화 문제가 전면에 등장하고 있습니다.

제가 일본판 탈미脫美 애니메이션 및 만화를 접한 지 몇 년 만에 일본 정권이 바뀌고 있는 것을 목도하고 있는 지금, 일본에서는 사회적 빈곤문제와 청년실업문제를 다루는 애니메이션과 만화가 인기를 끌고 있는 것이죠. 몇 년 후의 일본이 어떻게 변할지 기대가 되는 이유이기도 합니다.

차베스,
혁명의 라틴아메리카

"나는 매일 더욱 확신을 가지게 되며 내 마음속에는 한 점의 의심도 없습니다. 이전부터 수많은 지식인들이 말해왔듯이, 우리는 자본주의를 넘어서야 합니다. 하지만 자본주의 안에서 자본주의를 넘어설 수는 없습니다. 사회주의를 통해서만, 평등과 정의가 살아있는 진정한 사회주의를 통해서만이 자본주의를 넘어설 수 있습니다. 그리고 그러한 일은 민주주의를 통해서 가능합니다. 하지만, 미국이 강요하는 방식의 민주주의는 아닙니다."

— 우고 차베스 베네수엘라 대통령(『차베스, 미국과 맞짱뜨다』 중에서)

자본주의라는 하나의 체제만 경험하고 있는 우리에게 '사회주의'라는 단어는 생소할 뿐만 아니라 과거 전쟁과 냉전의 기억을 되살려주는 매우 불온한 단어로 낙인찍혀 있습니다. 그런데 라틴아메리카 지역을 중심으로 사회주의 성향이 강한 좌파 정부들이 우후죽순처럼 들어서고 있어서 세계적으로 주목을 받고 있습니다.

수상한(?)
라틴아메리카

1998년에 베네수엘라에서 우고 차베스가 대통령에 당선된 이후로, 중도 좌파로 분류되는 노동조합 위원장 출신 룰라가 2002년에 브라질 대선에서 승리했습니다. 2003년에는 아르헨티나에서 페론주의자이자 좌파로 분류되는 키르치네르가 대통령에 당선되었으며, 2004년 우루과이에서는 역시 좌파인 타바레 바스케스가 대통령으로 당선되었습니다. 2005년에는 볼리비아에서 최초로 선주민 출신인 사회주의자 에보 모랄레스가 대통령에 당선되더니, 2006년에는 칠레에서 미첼 바첼렛, 에콰도르에서는 라파엘 코레아, 니카라과에서는 돌아온 '산디니스타' 다니엘 오르테가가 줄줄이 대통령에 당선되었지요. 2008년에도 좌파 열풍은 멈추지 않고 파라과이에서는 해방신학으로 무장한 신부 출신의 좌파 페르난도 루고가 대통령에 당선되었습니다.

라틴아메리카 지도를 꺼내서 위에 언급된 나라들만 한번 빨간색으로 색칠해보세요. 라틴아메리카 대부분이 빨간색으로 바뀐다는 사실을 쉽게 알 수 있을 겁니다. 라틴아메리카는 그야말로 21세기의 '붉은' 대륙입니다. 적어도 라틴아메리카에서는 정도의 차이는 있지만 대부분의 나라가 공공서비스와 사회복지를 대폭 강화하고 무상의료, 무상교육 등 사회주의적 성격을 강하게 띤 정책들을 실시하고 있는 것이 현실입니다.

미국의 뒷마당에서
미국의 무덤으로

●

사실 라틴아메리카에 줄줄이 좌파 정권이 등장하게 된 것은 미국이 큰 역할을 했습니다. 1980년 초반부터 미국이 라틴아메리카 각 나라에 꼭두각시 정권을 동원해서 도입한 신자유주의 경제정책들은 각 나라의 서민 경제에 엄청난 피해를 남겼습니다. 수많은 공기업이 민영화되면서 공공요금이 폭등했고 노동유연화라는 명목하에 비정규직 채용과 정리해고가 난무했으며 미국과 서방의 금융투기자본들이 투기행위를 통해 각 나라들의 국부를 엄청나게 유출했습니다. 특히 베네수엘라에서는 1989년 2월에 미국이 IMF를 통해 강요한 신자유주의 경제정책에 반대하는 대규모의 민중봉기가 발생해서 수천 명이 사망하기도 했습니다. 이러한 엄청난 수업료를 지불한 라틴아메리카 민중들은 신자유주의를 앞세워 자신들을 가난의 늪에 빠뜨린 미국에 명백한 거부의사를 표현하기 시작했는데요. 그것이 바로 라틴아메리카 국가들의 대통령 선거에서 연이어 좌파 정권이 집권하는 큰 동력이 되었습니다. 라틴아메리카는 예전에는 미국의 뒷마당Backyard이라고 불렸지만, 이제는 미국의 무덤Graveyard이 된 것이죠.

그런데 보수 언론들의 왜곡보도 탓인지 라틴아메리카에 사회주의 성격이 강한 좌파 정부들이 들어서서 이른바 '독재'를 하고 있는 것 아니냐고 오해하시는 분들이 많은 것 같습니다. 사실 라틴아메리카에서 독재는 오히려 미국이 뒤를 봐주는 꼭두각시 정부들이 했지요. 앞서 얘기한 라틴아메리카의 좌파 대통령들은 모두 민주적인 선거를 통해서 당선됐습니다. 그리고 이 좌파 정부들이 들어서서 추진한 정책들이 바로 전폭적인 복지정책입니다. 그동안 시장에만 맡기면 경제가 잘 돌아간다고 떠들면서 무자비한 신자유주의 정책을 도입했던 전임정부들과는 다르게, 국가가 직접 나서서 시장이 제대로 작동하지 않는 부분에 직접 개입한 것입니다.

신자유주의의
대안을 찾아

자본주의 자유시장이라는 공간은 민주주의와는 거리가 멉니다. 우리가 정치에서 민주주의적 제도라고 얘기하는 선거는 재벌회장도 1표를 행사하고 가난한 노숙자도 1표를 행사할 수 있습니다. 돈이 많다고 표가 많지는 않지요. 하지만 시장이라는 공간은 1인 1표가 아니라 1만 원 1표입니다. 자신이 돈을 가진 만큼 권리를 행사할 수 있습니다. 그렇기 때문에 자본주의 자유시장은 필연적으로 가난한 사람들에게 불리할 수밖에 없습니다. 가난한 사람은 시장에서 표가 적으니까요. 신자유주의 경제정책은 정부의 시장개입에 반대하고 모든 것을 시장에만 맡기는 극도의 시장주의 정책입니다. 그래서 빈부격차가 심해지고 비정규직과 청년실업의 문제가 발생한 것이죠. 물론 시장에서 표수가 많은 기득권 세력들은 더 많은 이득을 얻겠지만요.

라틴아메리카 좌파 정권들은 미국의 신자유주의 경제정책에 반대하는 움직임 속에 등장했기 때문에, 정도의 차이는 있지만 반미反美 혹은 탈미脫美라는 측면에서 공동의 목표를 지향하고 있습니다. 이들은 미국이라는 공동의 적에 대항하기 위해서 똘똘 뭉치고 있습니다. 구체적인 형태로 등장하고 있는 것이 남미국가연합입니다. 2008년 5월 23일에 브라질의 수도 브라질리아에서 남미 대륙 12개국의 정상과 정부 대표들은 정상회의를 열고 남미국가연합UNASUR의 출범을 공식 선언했습니다. 불안감을 느낀 미국이 어떤 방식으로든 남미국가연합에 개입하려고 발버둥치지만 '너희 나라는 북쪽에 있지 않느냐'는 핀잔만 듣고 있는 상황입니다.

남미국가연합으로
똘똘 뭉치다

한편 2007년 12월 9일에 베네수엘라의 우고 차베스 대통령이 주도한 가운데 출범한 남미은행Banco del Sur은 그동안 중남미에서 미국의 의도대로 신자유주의를 전파시키는 데 첨병역할을 했던 국제통화기금IMF에 대항해서 탄생했습니다. 아르헨티나, 볼리비아, 브라질, 에콰도르, 파라과이, 우루과이, 베네수엘라 등 7개국이 참여하고 있는 남미은행은 향후 남미국가연합을 구성하고 있는 남미대륙 12개국 모두를 참여시킨다는 계획인데요. 사실 라틴아메리카 국가들은 1980년대에 미국이 조종하는 IMF의 구제금융을 받는 대가로 신자유주의 경제정책을 강제로 받아들였습니다. 하지만 이제는 돈이 필요한 경우 IMF가 아닌 남미은행을 통해 원활하게 돈을 융통할 수 있게 된 것이죠. 이 외에도 미국의 달러에 맞서서 '수크레'라는 남미지역 통화를 도입하고 있으며, 남미국가들의 나토NATO 격인 '남미안보협의회'를 추진하고 있습니다. 미국의 일방적인 미디어 공세에 맞서서 진보적인 방송국 텔레수르Telesur를 설립하기도 했습니다.

저는 라틴아메리카의 나라 중에서 베네수엘라의 정치사회적인 변화를 연구하는 모임을 결성해서 연구 성과를 『차베스, 미국과 맞짱 뜨다』라는 책으로 내기도 했는데요. 연구하고 책을 내는 과정에서 라틴아메리카에서 일어나는 이런 엄청난 변화를 알고 충격을 받았습니다. 그리고 이 책이 인연이 돼서 베네수엘라를 방문해 차베스식 사회주의 개혁과 베네수엘라의 민중들이 만들어가는 혁명적인 변화를 직접 볼 수 있었습니다. 차베스 정부가 실업문제를 해결하기 위해 적극 개입하고 재정을 투입해 일자리를 직접 만들면서 차베스 정부 이전에는 20%를 넘나들던 실업률이 한 자리수로 떨어졌습니다. 무상의료, 무상교육 외에도 국영상점을 통해 생활필수품을 절반도 안 되는 가격에 제공하는 등 다양한 복지혜택들이 제공되고 있으며 석유 산업 국유화를 통해 마련한 재원으로 사회의 다양한 분야에서 산업을 일으키고 있었습니다. 이전에는 베네수엘라의 석유 자원이 미국 석유기업과 일부 베네수엘라 기득권층의 이익만을 위해 사용됐기 때문에 석유에서 나오는 부가 사회 전체를 위해서 사용되지 않았습니다. 하지만 차베스 정부는 석유 산업 국유화를 통해 이런 문제를 해결했습니다. 물론 석유 산업을 국유화하는 과정에서 기득권 세력들의 반발이 만만치 않았습니다. 하지만 차베스와 함께하는 베네수엘라의 민중들이 있기 때문에 이런 변화가 가능했습니다.

미국이 가져간 권력
민중에게 돌려주다

차베스의 다음과 같은 인터뷰 내용은 베네수엘라 민중들의 모습을 잘 보여주고 있습니다.

작년(2003년)에 한창 우리가 '석유 테러'라 불렀던 석유파업이 있을 때, 베네수엘라의 기득권층과 그들의 국제 동맹세력(미 제국주의)이 석유 정제소들을 파괴하고, 수백만 리터의 우유를 버리고, 가축들을 죽였습니다. 그래서 먹을 것이 없었습니다. 그들의 계획은 사회 붕괴, 혼란 등을 야기하는 것이었습니다. 우리가 다방면으로 엄청난 노력을 했음에도, 석유도 없고 천연가스도 없고 음식물도 거의 없었습니다. 나는 피델(카스트로)이 우리에게 콩을 가득 실은 배를 보내주면서 전화로 "나중에 여건이 되면 갚아라"고 말한 것을 기억합니다. 다른 물품들은 브라질에서 왔습니다. 우리는 콜롬비아로부터 우유, 고기, 석유들을 구입했습니다. 그 당시 사람들은 몇 리터의 연료를 사기 위해 사흘 나흘을 기다리기도 했습니다.

그 힘든 어느 날 오후에 나는 몇몇 동지들에게 저 산골마을에서 무슨 일이 일어나는지 직접 보고 싶다고 말했습니다. 그래서 우리들은 산골마을로 갔습니다. 거리는 분주했습니다. 사람들은 쌀, 바나나 등을 찾아다니고 있었습니다. 우리가 근처를 다닐 때 사람들이 우리에게 인사하기 시작했습니다. 나는 그들에게 상황이 어떠냐고 물어보았습니다. 그러던 중 강한 인상의 흑인 할머니가 내 손을 꼭 잡고 끌어당기면서 "차베스, 이리 와봐요"라고 말했습니다. 그 할머니와 다툰 것은 아닙니다. "차베스, 이리 와봐요. 나를 따라와요. 당신이 우리 집에 와보면 좋겠어요." 우리가 집에 들어갔을 때 그들은 장작 위에 냄비를 올려놓고 쌀, 감자, 파초 등을 요리하고 있었습니다. 노인은 나의 눈을 지그시 보더니 양복저고리를 잡고 말했습니다.

"차베스, 내 집에는 의자가 남아있지 않아요. 당신이 보고 있는 저
장작이 침대 다리에요. 우리는 가구, 지붕을 뜯어서 불을 피울 겁니
다. 우리는 문도 떼어낼지 모르겠군요. 그렇게 해서 요리를 할 거에
요. 하지만 절대 물러서지 마세요. 차베스."

-「차베스, 미국과 맞짱뜨다」 중에서

물론 차베스 정부 이전에 수십 년 동안 생겨난 모든 문제가 한 번
에 해결될 수는 없겠지요. 하지만 직접 가서 본 베네수엘라는 자신들
이 가진 문제를 하나하나 해결하면서 좀 더 나은 사회를 만들고 있었
습니다.

'가난을 끝장내는 유일한 방법은 빈민들에게 권력을 주는 것입니
다.'

베네수엘라의 우고 차베스 대통령이 한 유명한 말입니다. 미국 일
극체제가 무너지고 다극체제가 형성되며 급변하는 세계 속에서 특
히 라틴아메리카에서 일고 있는 21세기 사회주의의 바람이 돋보이
는 것은 미국이 잃어버린 권력을 인수하는 세력이 바로 민중 그 자신
이기 때문입니다.

차베스의 말대로 라틴아메리카의 민중들은 그 지긋지긋한 가난을
끝장내기 위한 유일한 방법에 한걸음씩 다가서고 있습니다.

지금이 순간 우리는 무엇을 할 것인가

미국에서는 유사 이래 처음으로 흑인인 버락 오바마가 대통령에 당선됐습니다. 그가 내세운 슬로건은 다름 아닌 '변화Change'였습니다. 앞서 얘기했듯이 일본에서는 도저히 무너질 것 같지 않던 자민당 정권이 하루아침에 무너졌습니다. 라틴아메리카 대륙에서는 자본주의 사회의 모순을 극복하고 더 나은 세상을 만들기 위해서 21세기 사회주의가 힘을 얻고 있습니다. 이 모든 변화는 지금까지 살아온 방식으로는 우리가 더 이상 행복할 수 없다는 반성에 기인하고 있습니다. 소수의 부자들은 계속 부를 축적하는데 반해 다수의 서민들은 더욱 가난해지는 신자유주의식 경제체제를 거부하기 시작한 것이죠.

물론 세계 각 나라에서 일어나고 있는 변화의 양상이 전부 같은 것은 아닙니다. 미국에서 오바마 대통령이 펼치고 있는 변화, 일본의 민주당 정권이 주도하고 있는 변화, 라틴아메리카의 새로운 21세기 사회주의는 각 나라의 언어와 문화 차이만큼이나 다른 모습을 보여주고 있습니다. 하지만 21세기에 들어서 세계가 급변하고 있는 것은 분명 누구도 부인할 수 없는 사실입니다. 이렇게 변화하는 역사의 흐름을 거스르고 기존의 잘못된 과거를 계속 유지하려는 세력은 결국 사람들의 지지를 잃고 사라질 것입니다. 한마디로 말하자면 새로운 변화를 위한 '객관적 조건'이 형성되고 있는 것이지요.

'객관적 조건'이란 구름과 같은 것입니다. 구름은 다음과 같은 과정을 거쳐 형성됩니다. 지표면에서 수증기를 머금은 공기가 태양열에 의해 가열되면 가벼워져서 상승하게 되는데, 이 과정에서 기압이 낮아져서 부피가 늘어나고 기온이 낮아지게 됩니다. 기온이 낮아진 공기는 품을 수 있는 수증기량이 작아지기 때문에 이때 생기는 여분의 수증기가 이슬로 응결되어 구름이 됩니다. 이러한 여러 조건이 맞물려서 구름이 생성되듯이 사회 변화의 '객관적 조건'도 다양한 현상들이 서로 맞물려서 형성되는 것이죠.

구름이 응결핵을 만나야
비가 오듯

하지만 구름이 생겼다고 해서 무조건 비가 내리는 것은 아닙니다. 구름이 비가 되기 위해서는 '응결핵'이 필요합니다. 구름 속 이슬들이 먼지같은 작은 '응결핵'을 중심으로 뭉쳐서 좀 더 큰 물방울이 되고 이것이 하늘에서 떨어지면 비가 되는 것이지요. 사회 변화도 이와 마찬가지입니다. 객관적 조건이 형성되었다고 자동으로 사회가 변화하고 진보하는 것은 아닙니다. 여기에서도 응결핵이 필요합니다. 그리고 사회 변화와 진보에서 응결핵의 역할을 하는 것은 '주체 역량', 즉 '사람의 역할'입니다.

우리는 사회가 어떤 한 탁월한 개인에 의해서만 움직이는 것이 아니라는 것을 잘 알고 있습니다. 제 아무리 뛰어난 영웅이라 하더라도 그 영웅이 먹는 밥은 평범한 농부가 만드는 것이며 그 영웅이 입는 옷은 평범한 재단사가 만드는 것입니다. 물론 인간의 역사에서 뛰어난 지도자가 중요한 역할을 담당합니다. 하지만 그 어떤 뛰어난 지도자라 하더라도 역사의 도도한 흐름을 거슬러서 무언가를 이뤄낼 수는 없습니다. 그리고 역사가 흐르는 방향은 바로 그 수많은 평범한 사람들이 어느 편의 손을 들어주느냐로 결정됐다는 사실을 우리는 잘 알고 있습니다.

우리는 우리 스스로가 직업이 무엇이고 어떤 배경을 가졌든지 매우 고귀하고 존경받아야 할 사람이라는 사실을 알아야 합니다. 구름에서 비가 내리기 위해서는 엄청나게 큰 수박만한 응결핵 하나만 있으면 되는 것이 아니라, 구름 이곳저곳에 알알이 박혀서 자리를 잡고 있는 아주 작고 볼품없어 보이는 수많은 응결핵들이 필요한 것입니다. 그래야 구름 전체가 비가 될 수 있는 것이죠.

소중한 사람들과
올바른 생각을 나누고 실천하라

그렇습니다. 구름이 잔뜩 낀 변화할 희망이 없어 보이는 현재의 한국 사회에서 우리는 사회 곳곳에서 응결핵이 돼야 합니다. 모두가 똑같은 일을 할 필요는 없습니다. 어떤 사람은 학교에서 학생들을 가르칠 수도 있고, 어떤 사람은 회사에서 무역 일을 할 수도 있습니다. 아직 사회에 진출할 나이가 되지 않았다면 열심히 공부하고 다양한 경험을 쌓을 수도 있습니다. 기자가 돼서 사회의 부조리를 폭로하고 여론을 일으킬 수도 있겠지요. 저처럼 새로운 세상을 만들기 위한 고민을 가지고 진보적인 정당이나 단체에서 활동을 할 수도 있고요. 자신이 즐겁게 잘할 수 있는 일을 선택하고 그 일을 열심히 하면서 자신의 분야에서 매력 있는 존재가 된다면 응결핵을 중심으로 수증기가 모이듯 자신의 주위로 사람들이 모이게 됩니다.

자신의 주변에 있는 소중한 사람들과 올바른 생각을 나누고 작은 것이라도 실천할 때 비가 내리듯 결국 세상은 바뀌는 것입니다.

정치는 국회 밖에도 있다

한국에서 아마도 정치인만큼 욕먹고 불신당하는 직업도 없을 것 같습니다. 하지만 그만큼 욕먹고 불신당하는 것은 그들이 맡은 일이 매우 막중하기 때문이죠. 분명 사소한 일을 잘못한다고 해서 국민들이 그렇게 나무라지는 않을 테니까요. 그 누구보다도 중요한 일을 맡은 사람들이 일처리를 어떻게 하느냐에 따라 '개○○' 같은 심한 욕을 먹기도 합니다.

이렇게 대한민국 정치의 중심인 국회에서 민주노동당 홍희덕 의원의 보좌관으로 2년간 일한 조성주 씨는 할 말이 많은 듯 보였습니다. 2008년 5월에 보좌관 일을 시작한 조성주 씨는 지난 2010년 5월 보좌관직을 그만두었습니다.

"매일 9시 뉴스에 나오는 장면이 내 눈앞에서 벌어진다는 것이 충격이었습니다. 국회는 피드백이 가장 빠른 곳인 것 같습니다. 오늘 눈앞에서 벌어진 일이 오늘 9시 뉴스에 나오거든요. 국회 밖에서 진보운동을 할 때는 열심히 해도 내 일에 영향을 미친다는 것을 느끼기 힘들었는데, 국회에서는 실시간으로 반응이 오더군요. 국회에서 일하면서 살아있다는 느낌을 정말 많이 받았습니다."

인천공항 민영화 반대,
그리고 진실

●

연세대 자연과학부 97학번인 조성주 씨는 학창시절 민주노동당 학생위원회 간부를 하는 등 진보적인 학생운동에 주도적으로 참여했습니다. 사회이슈가 빠르고 첨예하게 부딪치는 현장에서 일하고 싶다는 생각에 민주노동당 보좌관 공채에 지원한 조 씨는 면접을 보러 온 사람 중에 자신이 가장 어린 것을 알고 꽤 당황했다고 합니다. '내가 올 자리가 아닌가?' 하는 생각도 들었다는 조 씨는 무사히 채용되어 홍희덕 의원실에 배치되었다는데요. 정신없이 빠르게 돌아가는 국회에서 보람 있었던 일을 들려달라는 질문에 조성주 씨는 서슴없이 인천공항 민영화를 막았던 얘기를 들려줍니다.

"보좌관들은 국정감사 때가 제일 바쁩니다. 국회의원이 언론에 제일 많이 보도될 수 있는 시기니까요. 그래서 국회 일정의 꽃이라고 하잖아요. 그때는 거의 의원회관에 살다시피 합니다. 저희 의원실도

라꾸라꾸 침대 2개를 준비했죠. 하하. 첫 국정감사 때가 기억이 많이 납니다.

2008년 7월에서 9월 사이에 공기업 민영화 문제를 담당했는데요. 그때 제가 인천공항 민영화 문제를 이슈화시켰습니다. 사실 당시에 누구도 인천공항이 민영화 대상이라고 생각을 못했습니다. 인천공항 노조도 '우린 대상이 아니다'라고 했거든요. 제가 그 당시 자료조사를 해보니까 인천공항도 민영화 대상에 포함된다는 증거를 발견했어요. 누가 이것을 추진하고 있는지부터, 민영화와 관련된 미국의 요구 등등이 주요 내용이었죠. 그래서 기획을 했죠."

이명박 대통령 조카, 호주계 기업인 맥쿼리그룹 등이 언론에 오르내리며 크게 이슈가 됐던 인천공항 민영화 문제를 터트린 장본인이 조성주 씨였습니다. 민영화를 저지했을 때 정말 보람을 느꼈겠다는 생각이 듭니다. 자기 나라의 공항을 외국에 파는 국부 유출을 막았으니 말이죠. 하지만 항상 기쁜 일만 있는 것은 아닐 겁니다. 힘들었던 순간을 들려달라는 요청에도 역시 머뭇거림이 없습니다.

"2009년 12월 마지막 날에 노조법 개악안이 날치기로 통과될 때였죠. 법사위에서 회의가 끝났는데도 무효처리하고 온갖 편법을 써서 국회 본회의장에서 직권상정해서 한나라당이 날치기로 진행하려고 하고…… 민주노동당 의원들 다 끌려나오고 온갖 수모를 당했습니다. 뭐랄까…… 이럴 수 있나…… 이게 국회인가 하는 생각이 들었어요. 참 비참했습니다."

한 해를 마무리하고 새로운 해를 맞이하는 바로 그 순간에 노동자들의 권리를 침해하는 악법을 통과시키기 위해 날치기도 불사하는 정치인들의 행태를 어떻게 봐야 할까요? 국민들이 정치인을 욕할만 하다는 생각이 듭니다. 물론 노동자와 서민의 이익을 대변하려는 정치인이 분명 존재합니다. 특히 민주노동당 같은 진보정당 소속의원들은 분명 최선을 다해 노력하고 있지요. 하지만 그들은 '소수'입니다.

"빨리 진보정당이 커야겠다는 생각이 절실하게 들었습니다. 많이도 안 바라고 교섭단체를 구성할 수 있는 20석만 되면 좋겠습니다. 교섭단체를 구성하게 되면 정말 할 수 있는 게 많아요. 국회법에 교섭단체가 반대하면 일방통행을 못하게 되어 있어요. 모든 의사결정은 교섭단체가 합의해야만 할 수 있게 되어 있거든요. 만약에 진보정당이 교섭단체가 되면 잘못된 문제에 제동을 걸 수 있고 협상도 가능하게 되거든요. 교섭단체를 구성할 수 있어야 비약적으로 역량이 클 것 같습니다."

그는 보수정당의 보좌관들과 친하게 지내기도 한답니다. 보좌관으로서의 애환 등을 공유하기 때문이라는군요. 한나라당에도 간혹 진보적인 입장을 가진 보좌관들이 있다고 합니다. 하지만 직장이다 보니 아무래도 몸을 사리게 된다고 하네요. 국회의원 한 명당 보좌관은 4급 2명, 5급 2명, 6급 1명, 7급 1명, 9급 1명으로 구성되는데 4급이면 연봉이 최소 7,000만 원, 5급은 5,600만 원, 6급은 3,500~4,000만 원 정도이고 연봉 외에 다양한 혜택이 제공된다고 합니다. 행정고시 합격자가 5급에서 시작하니 상당히 좋은 대우임에 틀림없습니다. 하지만 아무래도 국회의원의 당락과 보좌관의 자리가 결부되어 있

“정치를 하고 싶다면
먼저 대중을 알아야 합니다.”

기 때문에 안정적인 직장은 아닌 것도 사실입니다. 민주노동당 보좌관들은 다른 보수정당들과는 다르게 직급에 관계없이 모두 같은 임금을 받는다고 합니다. 진보정당에서만 볼 수 있는 독특한 문화죠.

국회에
정의는 없었다

대우도 좋고 대접도 받을 수 있는 국회의원 보좌관. 조성주 씨는 지난 2010년 5월에 의원실에 사표를 제출했습니다. 일 잘하고 머리 좋은 보좌관이 갑자기 사표를 제출하니 민주노동당 홍희덕 의원이 무척 안타까워했다는 후문입니다. 평양감사도 자기가 싫으면 그만이라지만 그만두는 데는 이유가 있었을 겁니다.

"최근에 한국사회를 보면서, 한국사회 전체를 세대교체 해야 할 필요성을 느꼈습니다. 20~30대가 특히 사회 각계로 많이 진출해야 한다고 생각하는데요. 물론 청년실업, 비정규직 등 상황이 어려운 것은 사실입니다. 하지만 저는 20~30대에서 희망을 많이 발견합니다. 이번 지방선거에서 정확히 드러났지 않나요? 하지만 우리 진보운동은 20~30대에서 많이 취약한 것 같습니다. 진보운동은 여전히 너무 고령화되어 있어요. 노동운동은 말할 것도 없고 진보정당 운동도 마찬가지입니다. 40~50대가 대부분이죠. 물론 저 개인적으로는 젊은 나이에 보좌관으로 활동하면 경력도 쌓고 월급도 꼬박꼬박 나오고 사회적인 지위나 명예도 얻을 수 있겠지만, 운동의 측면에서 보면 저는 지금 20~30대를 조직하고 20~30대를 정치무대로 끌어올리는 역할을 해야 한다고 생각합니다. 청년실업문제로 대중운동을 하든지 정치적인 문제로 투쟁을 하든지 그런 것을 누군가 나서서 해야 한다는 생각이 드는데 그런 사람이 많이 없다는 생각이 들었어요."

그래서 조성주 씨는 보좌관 자리를 그만뒀습니다. 앞으로 몇 년간은 20~30대를 진보의 주체로 만드는 대중운동에 매진하겠다는 것입니다. 국회의원 보좌관은 비록 '때깔'은 좋을지 몰라도 지금 절실한 시대적 요구를 풀기 위해서는 최선의 자리는 아니라는 얘기입니다. 조성주 씨는 국회의원 보좌관을 그만두고 오히려 더욱 정력적으로 일하고 있습니다. 『대한민국 20대 절망의 트라이앵글을 넘어』의 저자이기도 한 조성주 씨는 출판공동체 '15인의 공감'을 만들어서 『세상을 바꾼 놀라운 정책들』이라는 책을 펴냈습니다. 청년노동조합으로 화제를 불러일으키고 있는 청년유니온의 정책팀장을 맡고 있으며, 진보적 싱크탱크로 잘 알려진 '새로운 사회를 여는 연구원'에서 연구원으로 공동연구를 진행하고 있습니다.

정치는 국민을 알아야
할 수 있는 것

아직도 민주노동당 홍희덕 의원실에서는 언제든 돌아오기만 하라고 얘기한답니다. 자신이 준비가 됐다는 판단이 서면 그때 '다시 정치권으로 돌아오고 싶다'는 조성주 씨. 그는 정치에 입문하고 싶은 청년들에게 꼭 하고 싶은 얘기가 있다는군요.

"정치인은 국민들을 알아야 정치를 할 수 있습니다. 사람들이 구체적으로 어떻게 살아가는지를, 자신은 안다고 생각하지만 사실 모르는 경우가 대부분입니다. 정치가 잘 안 돌아가는 가장 큰 이유는 정치인들이나 보좌관들이 대중들의 삶을 잘 모르기 때문입니다. 그래서 정치를 하고 싶으면 대중을 먼저 알아야 합니다. 책으로 아는 것뿐만 아니라 직접 만나보고 활동을 해보면서 대중을 알아야 합니다. 대학생들의 경우는 학생회 활동이 그런 경험을 쌓는 데 도움이 됩니다. 학생회 활동을 통해 대중을 만나고 사업을 해보면 많은 것을 배울 겁니다. 기회가 되면 정당 활동을 해보는 것도 좋고요."

"가늘고 길게
음악을 하렵니다"

원래는 붕가붕가레코드 소속 밴드 '장기하와 얼굴들'의 장기하를 인 터뷰할 생각이었습니다. TV를 거의 보지 않는지라 어떤 가수와 노 래가 뜨는지 잘 모르고 사는 저에게도 익숙할 정도로, '장기하와 얼 굴들'은 인디밴드로서는 드물게 대중적인 인기를 얻고 있죠. 게다가 장기하 씨의 나이도 20대니 이 책의 취지에도 맞아 떨어지고 말입니 다. 만나서 얘기를 하려면 '장기하와 얼굴들'에 대해서 뭔가를 알아 야 할 텐데, 마침 『붕가붕가레코드의 지속가능한 딴따라질』이라는 책이 있어서 읽어 내려갔습니다. 그리고 그 책의 저자로 인터뷰 대상 을 바꿨습니다.

문화반란자, 장기하와
붕가붕가레코드 고건혁

"배후조종자 맞죠?"

지난 2009년 12월 27일 마포구 연남동 지하의 붕가붕가레코드 '싸구려' 사무실에서 만난 사람은, 일명 '곰사장'으로 불리는 붕가붕가레코드사 대표 고건혁 씨였습니다. 그가 권하는 '싸구려' 커피를 정중히 사양하며 단도직입적으로 물어보았습니다.

책을 통해 만난 고건혁 씨를 저는 '배후조종자'라고 호칭했습니다. 서울대 심리학과 00학번인 고 씨는 학생운동을 하면서 서울대 총학생회의 문화사업을 담당했습니다. 그가 학회장, 과 학생회장, 편집장 등의 경력을 쌓으며 능숙해진 것은 다름 아닌 꼬드기는 기술이었다고 합니다. 이 기술로 뮤지션들을 꼬드기고 있는 것이죠.

"하하하. 장기하 씨의 작업을 배후조종했다고 보기는 힘들고요. 제가 도와준 것이죠. 기껏해야 '장기하와 얼굴들' 성공의 5% 정도만 기여한 것 같습니다."

그의 답변은 무척 겸손했습니다. 붕가붕가레코드 대표 고건혁 씨는 소속된 밴드들, '술탄 오브 더 디스코', '장기하와 얼굴들', '치즈 스테레오', '아마도 이자람 밴드', '불나방스타쏘세지클럽', '아침' 등 각 밴드들의 성공에 5%씩을 담당하고 있는 것입니다. 음악을 진심으로 사랑했던 그가 이렇게 '배후조종자'의 길을 걷게 된 것은 역설적이게도 지독한 음치였기 때문이라는군요.

"심각한 음치였기 때문에 본격적인 음악활동이 어려웠습니다. 그런데 우연히도 주변에 있는 친구들이 음악을 참 잘하더군요. 저를 흥분시키는 음악을 하고 있는 거예요. 이 좋은 음악을 팔아먹고 싶다는 생각이 들었고, 그것이 이 일을 하는 원동력이 된 것 같습니다."

그러면 붕가붕가레코드는 속된 말로 음악을 빌미로 돈 좀 만져보려고 만든, 그런 곳일까요? '팔아먹고 싶다'는 말에 불편을 느끼는 사람이 분명 있을 텐데요. 오해를 풀기 위해서 붕가붕가레코드가 내세우고 있는 모토, '지속가능한 딴따라질'을 이해해야 합니다.

이가 없으면
잇몸으로

"장기하와 얼굴들은 잘 풀려서 음악만으로도 먹고 살 수 있는 조건이 되었지만 그것은 특수한 경우이고요. 붕가붕가레코드에는 아마추어와 프로의 경계에서 고민하는 사람들이 더 많습니다. 이런 사람들도 지속적으로 음악활동을 할 수 있는 구조를 만드는 것이 붕가붕가레코드의 목적입니다."

붕가붕가레코드 사람들은 이 지속가능한 딴따라질을 위해서 남들이 시도하지 않은 독특한 방식으로 음반을 제작하고 판매했습니다. 이가 없으면 잇몸으로 씹으라 했다고, 돈이 없으면 몸으로 때우면 되는 것이죠. 이름 하여 '수공업 소형음반' 제작. 이들에게 녹음실은 곧

음반을 찍어내는 공장이기도 했습니다. 이들은 한데 모여서 공 CD
에 음악을 녹음하고 케이스에 인쇄된 라벨지를 붙인 후에 비닐 포장
기를 빌려와서 직접 포장을 했습니다. 장기하와 얼굴들의 '싸구려 커
피'도 이런 싸구려 환경 속에서 탄생했다고 하는데요.

　"장기하와 얼굴들의 경우 적은 돈을 투자해서 적지 않은 돈을 벌
었습니다. 그래도 우리는 붕가붕가레코드의 취지에 맞게 N분의 1로
수익을 나눕니다. 제가 대표를 맡고 있지만 그것은 제가 하는 역할을
나타내는 이름일 뿐입니다. 우리는 수평적인 조직을 지향하고 있습
니다. 회의 때도 누구에게나 동등한 권한이 있습니다."

일보 전진을 위한
반보 후퇴

아무도 가지 않은 길을 가고 있어서일까요? 고건혁 씨는 '일보 전진
을 위한 반보 후퇴'라는 독특한 용어를 사용해서 자신들이 하고 있는
일들을 설명합니다.

　"아무것도 안 하고 있는 것보다는 뭐라도 하는 것이 낫다고 생각합
니다. 그런데 뭔가를 한다는 것은 항상 실패할 가능성을 가지고 있잖
아요. 그런 실패를 감수할 때 보통 '이보 전진을 위한 일보 후퇴'라는
용어를 사용하는데요, 우리에게는 이보 전진이나 일보 후퇴는 좀 부
담스럽습니다. 그래서 우리는 '일보 전진을 위한 반보 후퇴'라는 말

을 씁니다. 어쨌든 반보씩은 전진하고 있는 것이니까요."

이런 자신들의 태도를 특유의 '소심함'으로 정의하는 고건혁 씨. 수공업 소형음반 형태로 작업을 할 수 있었던 것도 소심함 때문에 가능했고, 우여곡절을 겪으면서도 붕가붕가레코드가 이만큼 굴러올 수 있었던 것도 눈앞의 작은 일 하나를 차곡차곡 해결하려 했던 소심함 때문이었답니다. 고건혁 씨의 말대로라면 지금은 붕가붕가레코드에게 반보 후퇴의 시기입니다.

"저희가 앞으로 내딛을 일보는 '장기하와 얼굴들'의 붕가붕가레코드를 넘어서 붕가붕가레코드가 스스로의 두 발로 설 수 있게 만드는 것입니다. 지금의 상태는 반보 후퇴하는 상황이라고 말할 수 있을 것 같네요. 2009년 6월부터 벌였던 사업들이 기대만큼 성과가 나지 않았기 때문인데요. 그래도 손해는 보지 않았습니다. 대부분의 사업이 손익분기에서 간당간당하거나 약간이지만 수익을 내거든요. 이것도 소심함 때문이지요. 그래서 일보 후퇴는 하지 않는 겁니다. 반보 후퇴인거죠."

소심하지만 재미있고
꿈틀꿈틀 두근거리는 삶

물론 소심함이 항상 좋은 것만은 아닙니다. 세상만사가 그렇듯이 소심함도 양날을 가진 검입니다. 고건혁 씨도 그러한 부분을 잘 알고 있었습니다. 그의 말에 따르면, 그가 소심함을 극복하고 붕가붕가레코드와 같은 일을 벌일 수 있었던 이유는 재미와 흥분 때문이었습니다. 반복되고 따분한 삶을 거부하고 재미있는 삶을 추구하는 욕구, 그리고 재미있는 일을 접했을 때 느끼는 흥분은 소심함만으로는 할 수 없는 일을 가능하게 만들었던 거죠.

뜬금없이 책 한 권을 추천해 달라고 요청했습니다. 한편으로는 소심하면서도, 재미를 추구하고, 흥분을 잘하는 사람에게 영향을 끼친 책은 무엇일까 갑자기 궁금해졌기 때문인데요. 그런 저의 요청에 그는, 커트 보네커트가 쓴 『제5도살장』을 추천했습니다.

"제2차 세계대전 중 연합군이 저지른 끔찍한 전쟁 범죄 중 하나인 독일의 드레스덴 폭격을 경험한 한 안경업자가 말년에 비행기 사고로 인한 아내의 죽음을 경험한 후, 자신이 외계인에게 납치된 이후 시공간을 자유롭게 넘나들 수 있는 능력을 얻었다고 믿게 됩니다. 그러면서 현재와 제2차 세계대전 당시, 그리고 외계 문명에 대한 얘기가 얽히고설키어 진행되는데요. 읽는 내내 전쟁을 벌이는 인간에 대해 조소로 일관하는 날카로움을 만날 수 있습니다. 그리고 종국엔 전쟁이 남기는 상처가 얼마나 끔찍한 것인지 서글픈 마음으로 공감하게 되는 그런 작품입니다." 음…… 좋은 책인 것 같군요!

함께 꾸는 꿈은 현실이 된다고 합니다. 고건혁 씨가 있는 붕가붕가레코드는 '지속가능한 딴따라질'을 함께 꿈꾸는 사람들이 모였습니다. 반보만 후퇴할 줄 아는 현실감각과, 그러한 현실감각을 넘어서는 재미와 흥분에 대한 욕망, 이것들이 어떻게 결합되느냐에 따라 붕가

"아무것도 안하고 있는 것보다
뭐라도 하는 것이 낫습니다."

붕가레코드의 꿈이 현실이 될지 꿈으로 그칠지는 정해질 것입니다.

그들에게 건투를!

붕가레코드의 꿈이 현실이 될지 꿈으로 그칠지는 정해질 것입니다.

그들에게 건투를!

다른 희망은 가능하다

역사를 돌이켜 생각해보면 언제나 '다른 희망'은 처음에는 푸대접 받았던 것 같습니다. 조선 시대의 봉건적인 신분질서에 반대해서 '다른 희망'을 꿈꾸며 들불처럼 일어났던 전봉준과 동학 농민들을 조선의 지배층들은 신식무기로 무장한 일본군에게 도움을 받으면서까지 탄압을 했습니다. 당시에 얼마나 많은 사람들이 전봉준과 동학 농민들이 꿈꾸던 신분제가 철폐된 사회는 결코 오지 않을 거라고 얼마나 냉소했을까요? 전봉준과 동학 농민들이 꿈꾸는 '다른 희망'은 '부질없는 희망'이라고 말이죠. 그런데 어느덧 우리는 봉건적 신분질서가 해체된 사회에서 살고 있습니다. 그 '부질없는 희망'이 당연한 권리가 된 사회에서 말입니다. 오히려 누군가가 봉건적인 신분제를 도입해야 한다고 주장한다면 대번에 미친놈이라고 손가락질 받겠지요.

우리가 지금 너무나도 당연하게 누리고 있는 대통령 직접 선출의 권리가 불과 1980년 중반까지만 해도 '부질없는 희망'으로 취급당했다는 사실을 우리는 쉽게 잊고 사는 것 같습니다. 대통령 직접 선출이라는 '다른 희망'을 꿈꾸며 수많은 대학생들과 민주적인 시민들이 데모를 하고 그 중 적지 않은 사람들이 감옥에 갇히고 심지어는 공권력의 폭력에 죽임을 당하기도 했습니다. 우리가 너무나도 당연하게 누리고 있는 권리가 불과 얼마 전만 하더라도 어떤 사람들의 '다른 희망'이거나 또 다른 어떤 사람들의 '부질없는 희망'이었습니다.

역사는 이렇게 반복되어 왔고, '다른 희망'이 당연한 권리가 되는 과정을 통해 진보해 왔음을 알 수 있습니다. 그리고 바로 지금 이 순간, 우리는 '다른 희망'을 꿈꾸고 있습니다. 혹자는 우리의 다른 희망을 '부질없는 희망'이라고 부르기도 합니다. 그깟 돈 몇 푼에 나의 인생을 팔 수 없다고, 그리고 돈을 추구하지 않고도 행복할 수 있다고 주장하는 우리를 보며 어떤 사람들은 그것을 '부질없는 희망'이라고 얘기합니다. 붕어빵 기계가 붕어빵을 찍어내듯 대학생들을 기업 맞춤형 휴머노이드로 찍어내고 있는 대학을 거부하고 진짜 대학을 찾아 나선 청년들에게, 어떤 사람들은 그것을 '부질없는 희망'이라고 얘기하며 혀를 찹니다. 돈 중심으로 움직이는 세상을 넘어서 사람이 중심이 되는 진정한 민주주의가 실현되는 사회를 만들기 위해 노력하는 사람들을 보며, 어떤 사람들은 '부질없는 희망'이라고 얼굴을 찌푸리며 외면합니다. 하지만 우리는 역사를 통해 알고 있습니다. 바로 그 '부질없는 희망'이 미래를 만들어왔다는 사실을 말입니다.

만약 지금 우리가 삶고 있는 삶이 만족스럽다면 '다른 희망'을 꿈 꿀 필요는 없습니다. 그냥 만족하며 살면 되지요. 하지만 지금의 현실 이 답답하고 고통스럽고 부당하게 느껴진다면 지금까지와 같은 희 망을 꿈꿔서는 안 됩니다. 지금까지와 같은 희망을 꿈꾼다면 결국 지 금까지와 같은 미래만이 올 뿐이기 때문입니다. '다른 희망'만이 '다 른 미래'를 만들어낼 수 있습니다. 그리고 인류의 역사에서 항상 그 래왔듯이, 앞장서서 '다른 희망'을 꿈꾸고 그것을 통해 '다른 미래'를 만들어낸 사람이야말로 진정한 리더가 되는 것입니다.

모두 함께 꾸는 꿈은 현실이 된다는 얘기가 있습니다. 세상을 바꾼 다는 것은 물론 어려운 일이지만, 생각보다 그렇게 어렵지 않을 수도 있습니다. 우리 모두가 그것을 함께 꿈꾼다면 그때야말로 현실이 될 테니까요. 바로 지금이야말로 우리 모두 함께 '다른 희망'을 꿈꿀 때 입니다. 바로 지금!

국립중앙도서관 출판시도서목록(CIP)

(미치도록 인생을 바꾸고 싶은) 청춘에게 딴짓을 권한다 / 임승수
지음. -- 고양 : 위즈덤하우스, 2011
 p. ; cm

ISBN 978-89-6086-446-7 13320 : \12000

199.5-KDC5
179.7-DDC21   CIP2011001900

청춘에게 딴짓을 권한다

초판 1쇄 발행 2011년 5월 21일   초판 7쇄 발행 2016년 3월 20일

지은이 임승수 **펴낸이** 연준혁

출판 2분사 편집장 박경순
디자인 이세호

펴낸곳 (주)위즈덤하우스 **출판등록** 2000년 5월 23일 제13-1071호
주소 경기도 고양시 일산동구 정발산로 43-20 센트럴프라자 6층
전화 031)936-4000 **팩스** 031)903-3893 **홈페이지** www.wisdomhouse.co.kr

값 12,000원   ISBN 978-89-5913-446-7 13320

© 임승수